Das große

China Kochbuch

Das große

China Kochbuch

von

Ingrid Ahnert

Buch und Zeit Verlagsgesellschaft mbH · Köln

ISBN 3-8166-9808-5

Umschlaggestaltung: Andreas Ruers, Wiesbaden
Titelbild: TLC-Foto-Studio GmbH, Velen-Ramsdorf; Rückseitenfoto: Gisela Kelbert, Idstein
Fotos: Gisela Kelbert, Idstein: S. 36/37, 170/171; **Annette Kolb**, Stuttgart: S. 2, 6, 8/9, 72/73, 122/123, 222/223, 268/269, 296/297; alle übrigen Fotos: **TLC-Foto-Studio GmbH**, Velen-Ramsdorf
Chinesische Texte und Übersetzung: Anne Labitzky-Wagner, Bochum
Grafische Gestaltung: Horst Bachmann
Schmuckelemente: Andreas Schaad, Fürth

Satz: Andreas Schaad, Fürth
Gesamtkonzeption: Buch und Zeit Verlagsgesellschaft mbH, D-Köln

1999980895x7 2635 4453 6271

Inhalt

Vorwort	6
Suppenvariationen – von mild bis scharf	8
Vorspeisen und kleine Köstlichkeiten	36
Fleischgerichte	72
Geflügelgerichte	122
Gerichte mit Fisch und Meeresfrüchten	170
Gemüsegerichte mit und ohne Fleisch	222
Verführerische Desserts und Kuchen	268
Anhang	296
Glossar	298
Verzeichnis der chinesischen Redensarten	302
Verzeichnis der Rezepte	303

Vorwort

Viele Menschen schwören auf ihre regionale Spezialitäten und stehen einer fremden Küchenkultur ablehnend und skeptisch gegenüber. Dabei können fremdartige Zutaten und Gewürze eine reizvolle Abwechslung in jeden Speiseplan bringen. Gerade die chinesische Küche ist so vielfältig und abwechslungsreich, daß sie für jeden Geschmack etwas bereithält. Zudem sind alle Gerichte systematisch aufgebaut und auf Schlankheitskost angelegt, was der Vorstellung von einer modernen, gesunden Ernährung entgegenkommt. Der Kochanfänger wird viele Gerichte finden, die sehr schnell und einfach zuzubereiten sind, für den erfahrenen Hobbykoch stehen anspruchsvolle und zeitaufwendigere Gerichte zum Nachkochen bereit. Schwierigkeiten beim Einkauf der Zutaten werden mittlerweile kaum noch auftreten - man erhält sie in Asienläden oder den Lebensmittelabteilungen großer Warenhäuser.

Suppenvariationen - von mild bis scharf

Die chinesische Küche ist durch ihre Suppen weltbekannt geworden. Die Suppen werden jedoch - im Gegensatz zur europäischen Küche - nicht als Vorspeise serviert, sondern während eines Festessens öfters zwischendurch und vor allem als Abschluß gereicht; stets wird dazu trocken gekochter Reis serviert. Auf diese Weise lassen sich auch längere Wartezeiten zwischen den einzelnen Gängen hervorragend überbrücken. Auf den folgenden Seiten findet sich für jeden Geschmack und jeden Anlaß eine geeignete Suppe: Milde oder feurige Suppen als Vorspeise oder kleines Zwischengericht, „schnelle" Suppen für Eilige oder herzhafte Suppen mit Fleischeinlage, die sich auch als Hauptgericht eignen.

Scharfe Gemüsesuppe

2 Portionen

Vorbereitung:
20 Minuten

Kochzeit:
10 Minuten

20 g Glasnudeln
10 g Tongupilze, getrocknet
1 rote Paprikaschote
75 g Zuckerschoten
2 Chilischoten
$^1/_2$ l Gemüsebrühe
1 TL Ingwer, feingehackt
2-3 EL Reisessig
2 EL Austernsauce
Sichuanpfeffer

TIP *Wenn Sie keinen Sichuanpfeffer bekommen, können Sie statt dessen auch grobgemahlenen schwarzen Pfeffer verwenden.*

1. Die Glasnudeln und die getrockneten Tongupilze getrennt in warmem Wasser einweichen.
2. Die Paprikaschote waschen, putzen und in feine Streifen schneiden. Die Zuckerschoten waschen, entfädeln und schräg halbieren oder dritteln. Die Chilischoten fein hacken.
3. Anschließend die Gemüsebrühe aufkochen und mit Ingwer, Chiliwürfelchen, Reisessig, Austernsauce und Sichuanpfeffer würzen.
4. Die Stiele der Tongupilze entfernen, den Rest in Streifen schneiden und zusammen mit dem Gemüse in die Brühe geben. Die Suppe etwa 5 Minuten bei mäßiger Hitze kochen lassen.
5. Die Glasnudeln abtropfen lassen, bei Bedarf mit einer Schere kleinschneiden und in die Brühe geben. Die Suppe vor dem Servieren nochmals kurz aufkochen lassen.

慢慢吃.

Sauer-scharfe Hühnersuppe

4 Portionen

Vorbereitung: 20 Minuten

Kochzeit: 20 Minuten

- 100 g Glasnudeln
- 6-8 Tongupilze
- 1 Knoblauchzehe
- 1 Zwiebel
- 2 Chilischoten
- 200 g Bambussprossen
- 200 g Sojabohnenkeimlinge
- 1 kleine rote Paprikaschote
- 2 Hähnchenbrustfiltets
- 2 EL Erdnußöl
- 1 l Geflügelbrühe
- 2 EL Tomatenmark
- 2-3 EL Speisestärke
- 1 TL Ingwer, feingerieben
- 2-3 EL Sojasauce
- schwarzer Pfeffer, grobgemahlen
- 2-3 EL Essig

1. Die Glasnudeln und die Tongupilze getrennt in warmem Wasser einweichen.
2. Die Knoblauchzehe und die Zwiebel schälen und zusammen mit den Chilischoten fein hacken. Die Bambussprossen in Streifen schneiden. Die Sojabohnenkeimlinge waschen und verlesen. Die Paprikaschote waschen, putzen und in Streifen schneiden.
3. Die Hähnchenbrustfilets in schmale Streifen schneiden. Das Erdnußöl in einem Topf erhitzen und die Filetstreifen darin kurz anbraten. Das vorbereitete Gemüse dazugeben und unter Rühren mitbraten.
4. Die Geflügelbrühe aufgießen, das Tomatenmark dazugeben und alles 10 Minuten kochen lassen.
5. Die Suppe mit der in etwas Wasser angerührten Speisestärke binden und mit Ingwer, Sojasauce, Pfeffer und Essig kräftig abschmecken.
6. Die Glasnudeln und die Pilze abtropfen lassen und klein schneiden. In die Suppe geben und vor dem Servieren nochmals kurz erhitzen.

Garnierte Hühnersuppe

4 Portionen

Vorbereitung: 20 Minuten

Kochzeit: 1 Stunde

- 1 kleines Suppenhuhn (ca. 1 kg)
- 1 kleine Zwiebel
- 2 Knoblauchzehen
- 1 Bund Staudensellerie
- 1 EL Ingwer, feingehackt
- 2 TL Salz
- 1 TL schwarze Pfefferkörner
- 50 g Glasnudeln
- 2 Eier
- 2 Frühlingszwiebeln
- 2 EL Sojasauce
- schwarzer Pfeffer, gemahlen
- 250 g Sojabohnenkeimlinge

1. Das Huhn waschen, trockentupfen und in 4 Teile zerlegen.
2. Die Zwiebel und den Knoblauch schälen. Den Sellerie putzen, waschen und grob zerteilen.
3. Die Hühnerteile in einen großen Topf legen und mit Wasser bedecken.
4. Zwiebel, durchgepreßten Knoblauch, Sellerie, Ingwer, Salz und Pfefferkörner dazugeben. Alles aufkochen lassen und etwa 35 Minuten bei geschlossenem Deckel köcheln lassen.
5. Die Glasnudeln in warmem Wasser einweichen.
6. Die Eier hartkochen, die Frühlingszwiebeln putzen und waschen. Beides fein würfeln.
7. Das abgekühlte Huhn häuten, das Fleisch vom Knochen lösen und in kleine Stücke schneiden. Die Brühe durch ein Sieb gießen.
8. Die Nudeln abtropfen lassen und zusammen mit dem Fleisch in die Brühe geben. Alles nochmals kurz aufkochen lassen. Die Suppe mit Sojasauce und Pfeffer würzen.
9. Die Sojabohnenkeimlinge in eine Suppenterrine geben und mit der heißen Suppe übergießen. Mit den Frühlingszwiebeln und den Eiern garnieren.

Tomatensuppe mit Hühnerfleisch

2 Portionen

Vorbereitung: 10 Minuten

Kochzeit: 15 Minuten

1 Tomate
100 g Hühnerfleisch, gegart
600 ml Hühnerbrühe
15 g frische Erbsen (oder TK-Produkt)
1 Prise Glutamat
$^1/_2$ TL Pfeffer
$1^1/_2$ TL Salz
3 EL Tomatenketchup
2 TL Zucker
4 TL Speisestärke
1 Ei
1 TL Sesamöl

1. Die Tomate waschen und fein würfeln. Das gegarte Hühnerfleisch in Streifen schneiden.

2. Die Hühnerbrühe in einem Topf aufkochen lassen und die Hühnerfleischstreifen, die Tomatenwürfel und die Erbsen dazugeben. Die Brühe wieder aufkochen lassen und mit Glutamat, Pfeffer, Salz, Tomatenketchup und Zucker würzen.

3. Die Speisestärke mit etwas kaltem Wasser verrühren, in die Suppe gießen und nochmals kurz aufkochen, dann die Flamme kleiner stellen. Das Ei verquirlen, in die Suppe rühren und das Ganze kurz durchkochen lassen. Anschließend die Suppe in Reisschalen füllen, mit Sesamöl verfeinern und servieren.

民以食為天.

Hackfleisch-Wirsing-Suppe

4 Portionen

Vorbereitung:
15 Minuten

Kochzeit:
15 Minuten

200 g Wirsing
1 Bund Frühlingszwiebeln
je 1 rote und grüne Paprikaschote
2 Knoblauchzehen
200 g Glasnudeln
4 EL Erdnußöl
250 g Rinderhackfleisch
1 l Gemüsebrühe
2 EL Sojasauce
2 EL Pflaumensauce
2 El Hoisinsauce
2 Ingwernüsse, in Sirup eingelegt
2 Eier
1 EL Sojasauce
1 TL Sesamöl
Sichuanpfeffer
Salz
1 Prise Glutamat

1. Den Wirsing, die Frühlingszwiebeln und die Paprikaschoten putzen, waschen und in Streifen schneiden. Die Knoblauchzehen schälen und fein hacken.
2. Die Glasnudeln in warmen Wasser einweichen.
3. Das Erdnußöl erhitzen, den Knoblauch und das Hackfleisch darin unter Rühren kurz braten.
4. Das kleingeschnittene Gemüse dazugeben und unter häufigem Rühren glasig schwitzen.
5. Die Gemüsebrühe, die Würzsaucen und die gehackten Ingwernüsse dazugeben und bei mäßiger Hitze etwa 10 Minuten köcheln lassen.
6. Die Glasnudeln abtropfen lassen und in der Suppe kurz erhitzen.
7. Die Eier verquirlen, mit der Sojasauce würzen und kurz vor dem Servieren in der Suppe stocken lassen. Die Suppe nach Geschmack mit Sesamöl, Sichuanpfeffer, Salz und Glutamat abschmecken.

香噴噴.

Rindfleischsuppe mit Erbsen

4 Portionen

Vorbereitung: 20 Minuten

Kochzeit: 40 Minuten

- 250 g mageres Rindfleisch
- etwas frischer Ingwer
- 1 Sternanis
- ½ TL Salz
- 1 EL chinesischer Wein
- 250 g Erbsen (TK-Produkt)
- 2 TL Speisestärke
- 2 Eier
- 4 Frühlingszwiebeln

TIP *Anstelle von chinesischem Wein können Sie auch trockenen Sherry verwenden.*

1. Das Fleisch und den geschälten Ingwer in feine Scheiben schneiden.

2. Das Fleisch zusammen mit 1 Liter kaltem Wasser in einen Topf geben. Ingwer, Sternanis, Salz und den chinesischen Wein zufügen und alles bei geschlossenem Deckel etwa 15 Minuten leicht köcheln lassen.

3. Die Erbsen in die Suppe geben und alles weitere 15 Minuten köcheln lassen. Den Sternanis entfernen.

4. Die Speisestärke mit 2 Eßlöffeln kaltem Wasser anrühren und die Suppe damit binden. So lange rühren, bis diese wieder aufkocht und klar wird.

5. Die Eier vorsichtig verquirlen und mit einer Gabel nach und nach in die Suppe träufeln, umrühren und noch 1 Minute köcheln lassen.

6. Die Frühlingszwiebeln putzen, waschen, in Ringe schneiden und die Suppe damit garnieren.

請用

Suan-La-Tang-Suppe (sauer-scharf)

4 Portionen

Vorbereitung: 30 Minuten

Kochzeit: 10 Minuten

3 chinesische Pilze, getrocknet
150 g Bambussprossen
2 Frühlingszwiebeln
1 Chilischote
250 g gekochtes Hühner- oder Schweinefleisch
40 g Glasnudeln
1 l Geflügelbrühe
1 TL Ingwer, gerieben
1 EL Speisestärke
2 Eier
2 EL Sojasauce
2 EL Tomatenketchup
1 EL Essig
2 TL Sesamöl
schwarzer Pfeffer, gemahlen
Salz

1. Die Pilze etwa 20 Minuten in warmem Wasser einweichen. Anschließend gut abtropfen lassen und in dünne Streifen schneiden.

2. Inzwischen die Bambussprossen abtropfen lassen und in feine Streifen schneiden. Die Frühlingszwiebeln putzen, waschen und zusammen mit der Chilischote fein hacken.

3. Das Fleisch in Streifen schneiden. Die Glasnudeln in fingerlange Stücke schneiden.

4. Die Geflügelbrühe erhitzen. Pilze, Bambussprossen, Frühlingszwiebeln, Chili, Fleisch, Glasnudeln und Ingwer zugeben. Alles bei mäßiger Hitze kurz köcheln.

5. Die Speisestärke mit 4 Eßlöffeln kaltem Wasser anrühren und in die Suppe einrühren.

6. Die Eier vorsichtig verquirlen und mit einer Gabel in die Suppe träufeln.

7. Die Suppe von der Kochstelle nehmen und mit Sojasauce, Tomatenketchup, Essig, Sesamöl, Pfeffer und Salz kräftig abschmecken.

Süß-saure Kastaniensuppe

2 Portionen

Vorbereitung: 20 Minuten

Kochzeit: 10 Minuten

- 150 g Wasserkastanien (aus der Dose)
- 250 g Mischpilze (aus der Dose)
- 125 g gewürzter Tofu
- 1 Stange Lauch
- 2 EL Erdnußöl
- 25 g Ahornsirup
- 1 EL Obstessig
- 1 EL Sojasauce
- 1 Prise Streuwürze
- 1/2 l Gemüsebrühe
- 1 EL Speisestärke

1. Die Wasserkastanien und die Mischpilze gut abtropfen lassen. Den Tofu in kleine Würfel schneiden.
2. Den Lauch putzen, waschen und in dünne Ringe schneiden.
3. Das Erdnußöl und den Ahornsirup in einen Topf geben und bei mäßiger Hitze mit dem Schneebesen verrühren.
4. Die Wasserkastanien, die Pilze und den Tofu dazugeben und mit dem Obstessig, der Sojasauce und der Streuwürze abschmecken.
5. Die Gemüsebrühe angießen und alles aufkochen lassen. Die Lauchringe dazugeben. Die Speisestärke mit etwas kaltem Wasser glattrühren, zum Gericht geben und alles kurz aufkochen. Nochmals kräftig abschmecken.

福在吃.

Suppe mit Garnelen, Glasnudeln und Schinken

2 Portionen

Vorbereitung: 20 Minuten

Kochzeit: 15 Minuten

- 5 g Glasnudeln
- 30 g gekochter Schinken
- 50 g Hühnerfleisch, gegart
- $^1/_2$ l Hühnerbrühe
- $1^1/_2$ TL Salz
- 2 TL Zucker
- 1 Prise Glutamat
- 20 g frische Garnelen
- 2 Prisen Pfeffer
- einige Halme Schnittlauch
- Sesamöl

1. Die Glasnudeln 10 Minuten in heißem Wasser einweichen. Den Schinken und das gegarte Hühnerfleisch in Streifen schneiden.

2. Die Hühnerbrühe zum kochen bringen und die Hühnerfleischstreifen und den Schinken hinzugeben, erneut aufkochen lassen und mit Salz, Zucker und Glutamat würzen.

3. Die Hitze reduzieren, die vorbereiteten Glasnudeln und geschälten Garnelen hineingeben. Die Suppe erneut auf großer Flamme zum kochen bringen und mit dem Pfeffer bestreuen.

4. Die Suppe in 2 Reisschalen verteilen, mit fein gehacktem Schnittlauch bestreuen und den Geschmack mit Sesamöl verfeinern.

可口可味.

Nudelsuppe mit Tofu

2 Portionen

Vorbereitung: 60 Minuten (einschl. Marinierzeit)

Kochzeit: 10 Minuten

- 2 Chilischoten
- 1 Knoblauchzehe
- 1 TL Ingwer, feingehackt
- 2 EL Sojasauce
- 1 EL Limettensaft
- 75 g Tofu
- 20 g Reisbandnudeln
- 1/2 l Gemüsebrühe
- 3 EL Mais (TK oder aus der Dose)
- schwarzer Pfeffer, gemahlen
- Schnittlauch oder Zitronenmelisse

1. Die Chilischoten in feine Streifen schneiden. Den Knoblauch schälen und fein hacken. Alles mit Ingwer, Sojasauce und Limettensaft verrühren.

2. Den Tofu in kleine Würfel schneiden, in der Marinade wenden und zugedeckt etwa 1 Stunde ziehen lassen.

3. Die Reisbandnudeln in reichlich Wasser quellen lassen.

4. Die Gemüsebrühe erhitzen. Den Tofu mit der Marinade sowie die Maiskörner in die Brühe geben und aufkochen. Mit Pfeffer abschmecken und kurz vor dem Servieren mit Schnittlauchröllchen oder gehackter Zitronenmelisse bestreuen.

一面吃一面談

Gemüse-Reis-Suppe

4 Portionen

Vorbereitung:
30 Minuten

Kochzeit:
10 Minuten

1 Bund Frühlingszwiebeln
50 g chinesische Pilze, eingeweicht
100 g Champignons
100 g Sojabohnenkeimlinge
100 g grüne Erbsen (frisch oder TK-Produkt)
1 Knoblauchzehe
1 Hähnchenbrustfilet
2 EL Sesamöl
2 Tassen gekochter Reis
1 l Geflügelbrühe
1/2 TL Ingwer, gerieben
2 EL Hoisinsauce
schwarzer Pfeffer, gemahlen
1/2 TL Salz
1 TL Glutamat
4 cl Reiswein
1 Bund Schnittlauch

1. Die Frühlingszwiebeln putzen und in kleine Würfel schneiden, die Pilze abtropfen lassen.
2. Die Champignons putzen und in Scheiben schneiden, die Sojabohnenkeimlinge waschen und verlesen, frische Erbsen aus den Hülsen lösen. Den Knoblauch schälen und fein hacken.
3. Das Hähnchenfleisch in kleine Würfel schneiden.
4. Das Sesamöl erhitzen und die Fleischwürfel darin unter Rühren braten. Das vorbereitete Gemüse zugeben und kurz mitbraten.
5. Den gekochten Reis unterrühren und die Geflügelbrühe aufgießen.
6. Die Suppe mit Knoblauch, Ingwer, Hoisinsauce, Pfeffer, Salz, Glutamat und Reiswein abschmecken.
7. Kurz vor dem Servieren mit Schnittlauchröllchen bestreuen.

多吃點飯.

Milde Gemüsesuppe

4 Portionen

Vorbereitung: 15 Minuten

Kochzeit: 15 Minuten

500 g gemischtes Gemüse (z. B. Spinat, Lauch, Chinakohl)
2 Zwiebeln
1 l Geflügelbrühe
4 frische Garnelen oder 1 EL Garnelenpulver
1/2 TL Sardellenpaste
4 Pfefferkörner
Salz

TIP *Wenn Ihnen die Suppe zu mild ist, können Sie 4 in Scheiben geschnittene Knoblauchzehen und 1/4 Teelöffel gemahlenen schwarzen Pfeffer hinzufügen.*

1. Das Gemüse putzen, waschen und in feine Streifen schneiden. Die Zwiebeln schälen und in hauchdünne Ringe schneiden.

2. Die Geflügelbrühe aufkochen lassen. Zwiebeln, frische Garnelen oder Garnelenpulver, Sardellenpaste und Pfefferkörner dazugeben. Alles bei mäßiger Hitze etwa 5 Minuten köcheln lassen.

3. Das kleingeschnittene Gemüse in die Suppe geben und alles weitere 5 Minuten köcheln lassen. Die Suppe mit etwas Salz abschmecken.

有吃有喝.

Wan-Tan-Suppe

4 Portionen

Vorbereitung: 45 Minuten

Kochzeit: 15 Minuten

6 Wan-Tan-Teigplatten (TK-Produkt)

Für die Füllung:

5 g Mu-Err-Pilze, getrocknet
1 Frühlingszwiebel
50 g Maiskörner (TK-Produkt oder aus der Dose)
- 1 TL Ingwer, feingehackt
schwarzer Pfeffer, gemahlen
1 EL Sojasauce

Außerdem:

1 TL Mehl
1/2 l Gemüsebrühe
50 g Brunnenkresse

1. Die Teigplatten mit einem feuchten Tuch bedecken und auftauen lassen.
2. Die Pilze etwa 20 Minuten in warmem Wasser einweichen. Anschließend abtropfen lassen, die harten Stiele entfernen und den Rest kleinschneiden. Die Frühlingszwiebel putzen, waschen und in feine Ringe schneiden.
3. Die Pilze und die Frühlingszwiebeln mit den Maiskörnern mischen, mit Ingwer, Pfeffer und Sojasauce würzen.
4. Die Teigplatten ausbreiten. Das Mehl mit etwas Wasser anrühren und die Teigränder damit bestreichen. Jeweils einen gehäuften Teelöffel Füllung daraufsetzen, die Ränder hochklappen und die vier Nähte fest zusammendrücken.
5. Die Gemüsebrühe aufkochen. Die gefüllten Teigtaschen darin etwa 10 Minuten bei milder Hitze garen.
6. Die Brunnenkresse kleinschneiden und kurz vor dem Servieren über die Suppe streuen.

舉世皆知.

Vorspeisen und kleine Köstlichkeiten

Die klassische chinesische Vorspeise besteht in der Regel aus einem kalten Gericht. Im Gegensatz zur europäischen Küche ist es auch nicht üblich, die folgenden kleinen Happen als Vorspeise zu servieren - man reicht sie während eines Menüs einfach zwischendurch. Kleine Gerichte werden während des ganzen Tages in den Garküchen am Straßenrand oder in Teehäusern angeboten.

Kaltes Rindfleisch

4 Portionen

Vorbereitung: 10 Minuten
Kochzeit: 60 Minuten
Zeit zum Abkühlen: 2 Stunden

800 g Rindfleisch (Nacken oder Hohe Rippe)
Für den Sud:
150 g Ingwer
5 rote Chilischoten
120 ml Reiswein
250 ml Sojasauce
4 EL Sesamöl
1 EL Fünf-Gewürz-Pulver
1 Tüte Gewürzmischung
6 EL Zucker
4 EL Salz
3 EL schwarzer Pfeffer
Für die Sauce:
1 EL Sesamöl
7 EL Sojasauce
1 große Chilischote
Außerdem:
5 dekorative Salatblätter

1. Das Rindfleisch 2 Minuten in heißem Wasser kochen.
2. Den Ingwer schälen und sehr fein schneiden.
3. In einen großen Topf 2 Liter Wasser geben. Den Ingwer zusammen mit den restlichen Zutaten für den Sud in das Wasser geben und 5 Minuten kochen lassen.
4. Das Rindfleisch dazugeben. Alles bei geschlossenem Deckel 20 Minuten lang kochen und weitere 30 Minuten bei mäßiger Hitze ziehen lassen.
5. Das Fleisch herausnehmen und etwa 2 Stunden abkühlen lassen. Anschließend das Fleisch in $^1/_2$ Zentimeter dicke und 3 mal 5 Zentimeter große Scheiben schneiden.
6. Die Sauce aus Sesamöl, Sojasauce und der feingehackten Chilischote anrühren und in einer Schale bereitstellen.
7. Die Salatblätter waschen und auf einem großen Teller anrichten. Die Fleischscheiben darauf dekorativ anrichten.

三樣采

Frühlingsrollen

4 Portionen

Zubereitungszeit:
1 Stunde

Für den Teig:
400 g Mehl
4 Eier
1/4 l Wasser
1/4 l Milch
1 TL Salz
Fett zum Ausbacken

Für die Füllung:
2 Hähnchenbrustfilets
4-6 Tongupilze, eingeweicht
100 g Bambussprossen
1 rote Paprikaschote
4 Frühlingszwiebeln
100 g Sojabohnenkeimlinge
4 EL Erdnußöl
2 EL Hoisinsauce
2 EL Sojasauce
1 Prise Cayennepfeffer
1 TL Fünf-Gewürz-Pulver
schwarzer Pfeffer, gemahlen
Salz
1 EL Koriandergrün, feingehackt
1 Eigelb

1. Mehl, Eier, Wasser, Milch und Salz zu einem glatten Teig verarbeiten.
2. In einer Pfanne mit heißem Fett nacheinander dünne Pfannkuchen aus dem Teig ausbacken.
3. Für die Füllung das Fleisch und die abgetropften Pilze fein würfeln. Die Bambussprossen abtropfen lassen, die Paprikaschote waschen, beides fein würfeln. Die Frühlingszwiebeln putzen, waschen und in dünne Scheiben schneiden, die Sojabohnenkeimlinge verlesen und waschen.
4. Das Erdnußöl in einer Pfanne erhitzen. Zuerst die Fleischwürfel und anschliessend das kleingeschnittene Gemüse darin unter Rühren braten.
5. Die Würzsaucen unterrühren und alles mit Cayennepfeffer, Gewürzpulver, Pfeffer und Salz kräftig würzen. Das Koriandergrün daruntermischen und die Füllung erkalten lassen.
6. Die Füllung auf die vorbereiteten Pfannkuchen verteilen. Zuerst das untere Ende über die Füllung klappen. Die Seiten von rechts und links einschlagen, die Ränder mit verquirltem Eigelb bestreichen und die Pfannkuchen zusammenrollen.
7. In schwimmendem Fett oder in der Pfanne ausbacken und auf Küchenkrepp abtropfen lassen.

Eierrollen mit Krabbenfüllung

4 Portionen

Zubereitungszeit:
1 Stunde

Für den Teig:
200 g Mehl
4 Eier
$^{1}/_{8}$ l Wasser
1 TL Salz
1 EL Erdnußöl
Fett zum Ausbacken

Für die Füllung:
250 mageres Schweinefleisch
250 g Krabben oder Krevetten
2 Frühlingszwiebeln
1 rote Paprikaschote
3 EL Erdnußöl
2 EL Sojasauce
2 EL Sesampaste
$^{1}/_{2}$ TL Salz
1 Prise Glutamat
1 Bund Schnittlauch

Außerdem:
1 Eigelb
Fett zum Ausbacken

1. Alle Zutaten für den Teig in einer Schüssel verrühren.
2. Wenig Fett in einer Pfanne erhitzen. Nacheinander dünne Pfannkuchen ausbacken und warm stellen.
3. Das Schweinefleisch in dünne Streifen schneiden. Die Krabben unter fließendem Wasser abspülen und trockentupfen. Die Frühlingszwiebeln und die Paprikaschote putzen, waschen und in kleine Würfel schneiden.
4. Das Erdnußöl in einer Pfanne erhitzen. Zunächst das Fleisch 1 Minute unter ständigem Rühren braten. Die Krabben und die Gemüsewürfel dazugeben und 1 Minute scharf braten.
5. Mit Sojasauce, Sesampaste, Salz und Glutamat abschmecken, die Schnittlauchröllchen unterziehen und die Masse abkühlen lassen.
6. Die Masse auf den Pfannkuchen verteilen, die Ränder mit Eigelb bestreichen und die Pfannkuchen zusammenrollen (Vorgehensweise siehe vorheriges Rezept).
7. In schwimmendem Fett oder in der Pfanne ausbacken und auf Küchenkrepp abtropfen lassen.

Brokkoli mit Käse-Sesam-Panade

2 Portionen

Vorbereitung: 20 Minuten

Kochzeit: 10 Minuten

250 g Brokkoli
Salz

Für die Pandade:

70 g Mehl
1 großes Ei (getrennt)
2 EL trockener Weißwein oder Wasser
2 EL Emmentaler, gerieben
1 EL Sesamsamen
2 EL Petersilie, feingehackt
schwarzer Pfeffer, gemahlen
Salz

Außerdem:

$^1/_2$ l Öl zum Ausbacken

TIP *Reichen sie zu diesem Gericht einen Joghurtdip, den Sie mit Schnittlauchröllchen oder Currypulver bestreuen.*

1. Die Brokkolistiele schälen, mit den Röschen in mundgerechte Stücke schneiden. In reichlich Salzwasser etwa 2 Minuten vorgaren und anschließend gut abtropfen lassen.

2. Für die Panade das Mehl mit Eigelb und Wein oder Wasser glattrühren. Mit Emmentaler, Sesamsamen, Petersilie, Pfeffer und etwas Salz würzen. Das Eiweiß steif schlagen und vorsichtig unter den Teig heben.

3. Das Öl in einem großen Topf erhitzen. Die Brokkolistücke portionsweise in der Panade wenden und im Fett knusprig ausbacken. Das Öl erneut aufheizen lassen und auf die gleiche Weise verfahren, bis das Gemüse verarbeitet ist.

Teigtaschen mit zweierlei Füllungen

4 Portionen

Vorbereitung: 60 Minuten

Kochzeit: 10 Minuten

16 Wan-Tan-Teigplatten (TK-Produkt)

Füllung 1:

1 Knoblauchzehe
1 EL Sojasauce
1 TL Ingwer, gerieben
25 g Tofu
1 kleine Lauchstange
1 kleine Möhre

Füllung 2:

1 kleine Frühlingszwiebel
50 g Chinakohl
15 g feste Kokoscreme, geraspelt
1 TL Sojasauce
1 TL Sambal oelek
1 TL Fischsauce
schwarzer Pfeffer, gemahlen

Außerdem:

1 EL Mehl, mit etwas Wasser angerührt
1/2 l Öl zum Ausbacken

1. Die Teigplatten mit einem feuchten Tuch bedecken und auftauen lassen.
2. Für Füllung 1 die Knoblauchzehe schälen und fein hacken. Mit der Sojasauce und dem Ingwer verühren. Den Tofu kleinwürfeln und darin wenden. Das Gemüse putzen und waschen, dann den Lauch in dünne Ringe, die Möhre in feine Stifte schneiden und mit dem Tofu mischen.
3. Für Füllung 2 die Frühlingszwiebeln und den Kohl putzen, waschen und in sehr feine Streifen schneiden. Die Kokoscreme mit den restlichen Würzzutaten glattrühren und leicht erwärmen. Die Gemüsestreifen untermischen.
4. Die Teigplatten ausbreiten, die Ränder mit Mehlwasser bestreichen. Jeweils einen gehäuften Teelöffel Füllung 1 auf die Hälfte der Platten setzen. Die Platten aufrollen, die Seiten nach innen einschlagen und die Kanten festdrücken. Die restlichen Platten mit Füllung 2 belegen, eine zweite Platte darauflegen und die Ränder fest andrücken. Mit einem Glas runde Plätzchen ausstechen.
5. Die Röllchen bzw. Plätzchen schwimmend in heißem Öl ausbacken und anschließend auf Küchenkrepp gut abtropfen lassen.

Wan-Tan-Taschen mit Hähnchenfüllung

4 Portionen

Vorbereitung: 15 Minuten

Kochzeit: 10 Minuten

- 16 Wan-Tan-Teigplatten (TK-Produkt)
- 2 Hähnchenbrustfilets
- 4 Wolkenohrpilze, eingeweicht
- 4 Frühlingszwiebeln
- 4 EL chinesisches Essiggemüse
- 3 EL Sojasauce
- 3 EL Hoisinsauce
- $^1/_2$ TL Fünf-Gewürz-Pulver
- Pfeffer, Salz
- 1 EL Speisestärke

1. Die Teigplatten mit einem feuchten Tuch bedecken und auftauen lassen.
2. Hähnchenbrustfilets, Pilze, geputzte Frühlingszwiebeln und Essiggemüse durch die feine Scheibe des Fleischwolfes drehen.
3. In eine Schüssel geben und mit sämtlichen Würzzutaten sowie der Speisestärke vermischen.
4. Die Teigplatten wie im vorherigen Rezept beschrieben füllen und ausbacken.
(auf dem Foto: links)

Wan-Tan-Taschen mit Krevettenfüllung

4 Portionen

Vorbereitung: 20 Minuten

Kochzeit: 10 Minuten

- 16 Wan-Tan-Teigplatten
- 200 g Krevetten
- 100 g Schweinehackfleisch
- 3 EL Schweineschmalz
- 100 g Tongupilze, eingeweicht
- 1 Zwiebel
- 3 EL Sojasauce
- 2 EL Tomatenmark
- 1 TL Fünf-Gewürz-Pulver
- Pfeffer, Salz
- 1 TL Ingwer, gerieben
- 1 EL Speisestärke

1. Die Teigplatten mit einem feuchten Tuch bedecken und auftauen lassen.
2. Die Krevetten sehr fein hacken, mit dem Hackfleisch mischen und in heißem Schweineschmalz unter Rühren braten.
3. Die Tongupilze kleinschneiden, die Zwiebel schälen und fein hacken. Beides in die Pfanne geben und kurz mitbraten.
4. Sojasauce, Tomatenmark, Gewürzpulver, Pfeffer, Salz und Ingwer unterrühren und mit der Speisestärke binden.
5. Die Teigplatten wie im vorherigen Rezept beschrieben füllen und ausbacken.
(auf dem Foto: rechts)

Beschwipstes Hähnchen

4 Portionen

Vorbereitung: 20 Minuten

Marinierzeit: 12 Stunden

Kochzeit: 10 Minuten

- 4 Hähnchenkeulen
- 4 Hähnchenbrustfilet
- 2 Knoblauchzehen
- 1/2 TL Salz
- 2 EL Hoisinsauce
- 4 EL Sojasauce
- 2 EL Pflaumensauce
- 2 EL Essig
- einige Tropfen Chiliöl
- 2 Eiweiß
- 4 EL Speisestärke
- Fett zum Ausbacken
- 1 Flasche Reiswein oder Sherry

1. Das Hähnchenfleisch hacken oder in 2 Zentimeter große Würfel schneiden.

2. Die Knoblauchzehen schälen, fein hakken und mit Salz, Würzsaucen, Essig und Chiliöl verrühren.

3. Das Fleisch darin mindestens 3 Stunden marinieren.

4. Die Eiweiße gut verschlagen und die Speisestärke unterrühren. Die Hähnchenstücke einzeln durch den Teig ziehen und in schwimmendem Fett goldbraun ausbacken.

5. Die Stücke auf Küchenkrepp abtropfen lassen und in eine Schüssel geben. Mit dem Reiswein oder Sherry übergießen und über Nacht marinieren. Dann aus der Marinade nehmen und warm oder kalt servieren.

好吃，很好吃.

Gebackene Fleischbällchen

4 Portionen

Vorbereitung: 20 Minuten

Kochzeit: 10 Minuten

- 500 g Hackfleisch
- 1 Ei
- 1 Zwiebel, feingehackt
- 4 eingeweichte chinesiche Pilze, feingehackt
- 1 TL Fünf-Gewürz-Pulver
- 2 EL Sojasauce
- 2 EL Hoisinsauce
- 2 EL Sherry
- 2 Knoblauchzehen, feingehackt
- 1/2 Bund Schnittlauch, geschnitten
- Salz
- schwarzer Pfeffer, grobgemahlen
- 1 Prise Glutamat
- Fett zum Ausbacken

1. Das Hackfleisch mit allen Zutaten zu einer glatten Masse verarbeiten und anschließend nochmals kräftig mit den Gewürzen abschmecken.

2. Mit einem Teelöffel kleine Portionen von der Masse abstechen und daraus mit bemehlten Händen kleine Kugeln formen. Diese in schwimmendem Fett goldgelb ausbacken.

(auf dem Foto: oben)

Gebackene Zucchinischeiben

4 Portionen

Vorbereitung: 25 Minuten

Kochzeit: 5 Minuten

- 2 mittelgroße Zucchini
- 250 g Krabbenfleisch, feingehackt
- 250 g Hackfleisch
- 2 Eier
- 2 EL Austernsauce
- 2 EL Sojasauce
- 1 Prise Ingwerpulver
- Salz
- schwarzer Pfeffer, gemahlen
- 3 EL Stärkemehl
- 1 Prise Glutamat
- Fett zum Ausbacken

1. Die Zucchini waschen und längs halbieren. Das Kerngehäuse mit einem Teelöffel herauskratzen.

2. Das Krabben- und Hackfleisch mit den restlichen Zutaten zu einer glatten Masse verarbeiten und nochmals kräftig abschmecken.

3. Die Zucchinihälften mit der Masse füllen und in 2 Zentimeter dicke Scheiben schneiden. Diese in schwimmendem Fett goldgelb ausbacken und sofort servieren.

(auf dem Foto: unten)

Krabbenbällchen

4 Portionen

Vorbereitung:
25 Minuten

Kochzeit:
5 Minuten

- 500 g Krabben oder Krevetten
- 150 g durchwachsenes Schweinefleisch
- je 1 Zweig Dill und Petersilie
- 1 Zwiebel
- 1 Ei
- 1 EL Sojasauce
- 2 EL Austernsauce
- Salz
- Sichuanpfeffer
- einige Tropfen Zitronensaft
- 1 Prise Glutamat
- 1 Prise brauner Zucker
- 2-3 EL Speisestärke
- Fett zum Ausbacken

1. Die Krabben unter fließendem Wasser waschen, anschließend trockentupfen. Zusammen mit dem Schweinefleisch, den Kräutern und der geschälten Zwiebel durch die feine Scheibe des Fleischwolfes drehen.

2. Mit dem Ei, den Würzsaucen und den restlichen Würzzutaten zu einer glatten Masse verarbeiten. Nach Bedarf mit der Speisestärke binden und nochmals würzig abschmecken.

3. Mit einem Teelöffel kleine Portionen von der Masse abstechen und daraus mit bemehlten Händen kleine Bällchen formen. Diese in schwimmendem Fett goldgelb ausbacken.

美味佳希.

Tofu mit Brokkoli

2 Portionen

Vorbereitung: 20 Minuten

Kochzeit: 10 Minuten

- 250 g Tofu
- 1 unbehandelte Limette
- 2-3 Knoblauchzehen, feingehackt
- schwarzer Pfeffer, gemahlen
- 200 g Brokkoli
- 3 EL Erdnußöl
- 50 ml Gemüsebrühe
- 4 EL Sojasauce

1. Den Tofu in breite Stifte schneiden. Für die Marinade die Limettenschale und den Limettensaft mit Knoblauch und Pfeffer verrühren, den Tofu darin wenden.
2. Die Brokkolistiele schälen, mit den Röschen in mundgerechte Stücke schneiden. In kochendem Wasser 3 Minuten blanchieren und gut abtropfen lassen.
3. Die abgetropften Tofustreifen portionsweise in heißem Erdnußöl ausbacken, den Brokkoli kurz mitbraten und vorsichtig unterrühren. Die Gemüsebrühe angießen und alles mit der Sojasauce und dem Pfeffer abschmecken.
(auf dem Foto: oben)

Tofu mit Zuckerschoten

2 Portionen

Vorbereitung: 20 Minuten

Marinierzeit: 2 Stunden

Kochzeit: 10 Minuten

- 250 g Tofu
- 2 Knoblauchzehen, feingehackt
- 2 Chilischoten, feingehackt
- 2 EL Sojasauce
- 3 EL Fischsauce
- 1 EL Reisessig
- 70 g Gemüsebrühe
- 1/2 TL Speisestärke
- 200 g Zuckerschoten
- 3 EL Erdnußöl

1. Den Tofu in mundgerechte Würfel schneiden. Für die Marinade Knoblauchzehen, Chilischoten, Würzsaucen, Reisessig, Gemüsebrühe und Speisestärke verrühren. Den Tofu darin wenden und zugedeckt mindestens 2 Stunden darin marinieren.
2. Anschließend die Zuckerschoten entfädeln, halbieren und in heißem Öl unter Rühren 2 bis 3 Minuten braten.
3. Den Tofu abtropfen lassen und mitbraten. Die Marinade angießen, alles vorsichtig mischen und kurz aufkochen lassen.
(auf dem Foto: unten)

Tofu nach Sichuanart

4 Portionen

Vorbereitung des Tofu: 2 Tage

Vorbereitung: 30 Minuten

Kochzeit: 10 Minuten

500 g Tofu
500 ml dunkle Sojasauce
200 g Staudensellerie
20 g Ingwer
50 g rote Chilischoten
1 l Öl
4 EL Schweineschmalz
1 EL Sojasauce
1 EL Chilisauce
1 EL Essig
3 EL Möhrenöl
60 ml Geflügelbrühe
1 TL Salz
2 EL Zucker
1 Prise Glutamat
1 TL Speisestärke

1. Den Tofu einen Tag in $^1/_2$ Liter Wasser und die dunkle Sojasauce legen. Anschließend in einem Leintuch gut verschnüren, mit einem Gewicht (etwa 10 Kilogramm) beschweren und 2 Tage lang ruhen lassen.

2. Den Staudensellerie putzen und waschen, den Ingwer schälen, die Chilischoten halbieren. Alles zusammen mit dem Tofu in dünne, 5 Zentimeter lange Streifen schneiden.

3. In einer großen Pfanne oder einem Wok das Öl erhitzen. Den Tofu und die Selleriestreifen darin 1 Minuten fritieren.

4. Den Ingwer und die Chilischoten in heißem Schmalz 30 Sekunden braten. Anschließend den gepreßten Tofu und den Staudensellerie dazugeben und 2 Minuten mitbraten.

5. Alles mit den Saucen, Essig, Möhrenöl, Geflügelbrühe, Salz, Zucker und Glutamat würzen und 1 weitere Minute kochen lassen. Die Speisestärke mit wenig Wasser glattrühren und das Gericht damit binden. Alles nochmals kurz aufkochen lassen und servieren.

卒
兵

Geschmorter Tofu

4 Portionen

Vorbereitung:
10 Minuten

Kochzeit:
10 Minuten

- 500 g Tofu
- 20 g Frühlingszwiebeln
- 8 EL Öl
- 250 ml Geflügelbrühe
- 3 EL Reiswein oder Weißwein
- 100 g frisches Krebsfleisch (ersatzweise aus der Dose)
- 50 g Krabben
- 1TL Salz
- 1 EL Zucker
- 2 TL Speisestärke
- 3 EL Möhrenöl

TIP *Servieren Sie das Gericht in einem Ring aus gekochten Brokkoliröschen.*

1. Den Tofu in 2 Zentimeter große Würfel schneiden und 3 Minuten in reichlich Wasser kochen.
2. Die Frühlingszwiebeln putzen, waschen und in Streifen schneiden.
3. Das Öl in einer großen Pfanne oder einem Wok erhitzen. Mit der Geflügelbrühe und dem Reiswein aufgießen. Das Krebsfleisch und den Tofu zugeben und alles 3 bis 5 Minuten bei geschlossenem Deckel schmoren.
4. Die Frühlingszwiebeln und die Krabben unterrühren, mit Salz und Zucker würzen und alles etwa 1 Minute schmoren lassen.
5. Die Speisestärke mit etwas kaltem Wasser glattrühren und das Gericht damit binden. Zuletzt mit dem Möhrenöl verfeinern.

民以食為天.

Tofu mit Gemüseallerlei

2 - 3 Portionen

Vorbereitung: 20 Minuten

Kochzeit: 10 Minuten

- je 20 g Morcheln und chinesische Blumenpilze, getrocknet
- je 60 g rote und grüne Paprikaschoten
- 80 g Chinakohl
- 80 g Möhren
- 80 g Champignons
- 80 g Sojabohnenkeimlinge
- 80 g Bambussprossen
- 100 g Tofu
- 2 Knoblauchzehen
- 10 EL Öl
- 250 ml Geflügelbrühe
- 1 EL Salz
- 2 EL Zucker
- 1/2 TL weißer Pfeffer
- 1 Prise Glutamat
- 3 TL Speisestärke
- 2 EL Sesamöl

1. Die Pilze etwa 20 Minuten in warmem Wasser einweichen, anschließend abtropfen lassen.

2. In der Zwischenzeit das Gemüse putzen und waschen und zusammen mit dem Tofu in 2 Zentimeter große Würfel schneiden. Die Knoblauchzehen schälen und fein hacken.

3. Das Öl in einer Pfanne erhitzen und den Knoblauch darin kurz braten. Das kleingeschnittene Gemüse, die Pilze und den Tofu dazugeben und 4 Minuten unter Rühren anbraten.

4. Geflügelbrühe, Salz, Zucker, Pfeffer und Glutamat zum Gemüse geben und aufkochen lassen.

5. Die Speisestärke mit wenig kaltem Wasser glattrühren und das Gericht damit binden.

6. Die Sojabohnenkeimlinge in den Topf geben und noch einmal kurz aufkochen lassen. Das Gericht mit Sesamöl abschmecken.

可口可味.

Tofu im „Schlafrock“

2 Portionen	200 g Tofu
	3 EL Austernsauce
Vorbereitung:	Cayennepfeffer
90 Minuten (einschl.	1 Bund Frühlingszwiebeln
Marinierzeit)	etwa 20 runde Reispapierblätter (15 cm Durchmesser)
Kochzeit:	2 EL Mehl
10 Minuten	1/2 l Öl

1. Den Tofu in etwa 2 Zentimeter große Würfel schneiden, mit der Austernsauce beträufeln und mit dem Cayennepfeffer bestreuen. Zugedeckt etwa 1 Stunde ziehen lassen.
2. Die Frühlingszwiebeln putzen, waschen und in hauchdünne Ringe schneiden.
3. Die Reispapierblätter in reichlich kaltem Wasser einzeln einweichen und anschließend auf Küchenkrepp abtropfen lassen.
4. Das Mehl mit 2 Eßlöffeln Wasser glattrühren.
5. Ein Tofustück und einige Zwiebelringe auf jedes Reispapierblatt legen und vorsichtig einwickeln. Die Ränder nach innen schlagen und mit dem Mehlwasser bestreichen.
6. Die gefüllten Reisblätter portionsweise in heißem Öl goldgelb ausbacken, auf Küchenkrepp abtropfen lassen und sofort servieren.

TIP *Dippen Sie die gefüllten Reisblätter in Sojasauce.*

垂涎欲滴.

Kantonesische Mehlklöße

2 Portionen

Vorbereitung:
60 Minuten

Kochzeit:
15 Minuten

- 100 g Mehlklöße (Fertigprodukt)
- 15 g chinesische Blumenpilze, getrocknet
- 150 g Bambussprossen
- 1/2 l Öl
- 10 g Ingwer
- 1 Knoblauchzehe
- 250 ml Geflügelbrühe
- 4 EL Sojasauce
- 3 EL scharfe Sojasauce
- 2 EL Reiswein
- 3 TL Tomatenketchup
- 1 TL weißer Pfeffer
- 1/2 TL Salz
- 2 TL Speisestärke
- 5 EL Sesamöl

1. Die Mehlklöße 1 Stunde in heißem Wasser quellen lassen. Die Pilze etwa 20 Minuten in warmem Wasser einweichen.
2. Anschließend die Pilze abtropfen lassen, große Pilze halbieren und die harten Stiele entfernen. Die Bambussprossen abtropfen lassen und in feine Streifen schneiden.
3. Das Öl erhitzen und die Pilze und die Bambussprossen darin friterien, herausnehmen und auf Küchenkrepp abtropfen lassen.
4. Den Ingwer und die Knoblauchzehe schälen, fein hacken und in 6 Eßlöffeln heißem Öl kurz braten. Die fritierten Bambussprossen und Pilze sowie die trockengetupften Klöße zugeben und 1 Minute unter Rühren braten.
5. Die Geflügelbrühe angießen, mit den Sojasaucen, dem Reiswein, dem Tomatenketchup, dem Pfeffer und dem Salz würzen. Alles etwa 10 Minuten bei mäßiger Hitze köcheln.
6. Die Speisestärke mit wenig kaltem Wasser und dem Sesamöl verrühren, zum Gericht geben und alles nochmals kurz aufkochen lassen.

Hefeklöße mit Fleischfüllung

4 - 6 Portionen

Vorbereitung: 45 Minuten

Kochzeit: 30 Minuten

900 g Hefeteig (TK-Produkt)
10 g Ingwer
2 Knoblauchzehen
500 Schweinefleisch, gebraten oder gekocht
2 EL Sesamöl
3 EL Reiswein
4 EL Sojasauce
2 EL Speisestärke
schwarzer Pfeffer, gemahlen
1 Prise Cayennepfeffer
Salz
1 Prise Zucker

TIP *Wenn Sie keinen Dampfkorb besitzen, können Sie auch den Einsatzkorb eines Dampfkochtopfs verwenden.*

1. Den Hefeteig nach Packungsanweisung vorbereiten. Mit einem Tuch abdecken und etwa $^1/_2$ Stunde an einem kühlen Ort gehen lassen.

2. Den Ingwer und die Knoblauchzehen schälen und fein hacken und zusammen mit dem Schweinefleisch durch die feine Scheibe des Fleischwolfs drehen.

3. Das Sesamöl in einer Pfanne erhitzen und die Fleischmasse darin unter Rühren braten.

4. Den Reiswein, die Sojasauce und die Speisestärke dazugeben, anschließend das Gericht mit den Gewürzen herzhaft abschmecken.

5. Den Teig zu Kreisen formen, diese mit der Fleischmasse füllen. Den Teig darüber schlagen, Klöße formen und diese 15 bis 20 Minuten im Dampfkorb über Salzwasser dämpfen.

多吃點飯.

Bambusblätter mit Krabben-Fleisch-Füllung

6 Portionen

Einweichzeit: 24 Stunden

Vorbereitung: 60 Minuten

Kochzeit: 90 Minuten

- 20 bis 25 Bambusblätter
- 1 kg Klebreis
- 8 chinesische Blumenpilze, getrocknet
- 50 g Krabben, getrocknet
- 4 Schalotten
- 350 g Schweinenacken
- 1/2 l Öl
- 5 EL Sojasauce
- 1 EL Salz
- 1/2 TL schwarzer Pfeffer
- 1 Prise Glutamat
- 120 ml Geflügelbrühe
- 180 g Erdnüsse

1. Die Bambusblätter und den Klebreis 1 Tag wässern.
2. Die Pilze und die Krabben 30 Minuten in warmem Wasser einweichen und anschließend abtropfen lassen.
3. Die Schalotten schälen und zusammen mit dem Schweinefleisch in kleine Würfel schneiden.
4. Das Öl in einer Pfanne erhitzen und die Fleischwürfel darin 2 Minuten fritieren, herausnehmen und beiseite stellen.
5. Erneut 6 Eßlöffel Öl erhitzen und die Schalotten darin 1 Minute braten. Die Pilze und die fritierten Fleischwürfel dazugeben und mitbraten.
6. Mit der Sojasauce und den Gewürzen abschmecken. Die Geflügelbrühe angiessen und zusammen mit den Erdnüssen 5 Minuten bei mäßiger Hitze köcheln lassen.
7. Die Sauce abgießen und mit dem getrockneten Klebreis verrühren.
8. Die Bambusblätter waschen, die Enden mit einer Schere zurechtschneiden, große Blätter längs falten. Die untere Blatthälfte zu einem Trichter formen und diesen mit 2 Eßlöffel Klebreis, 1 Eßlöffel Füllung und wieder mit Klebreis füllen. Das obere Blattende über die Füllung knicken, die Blätter gut verschnüren.
9. Die gefüllten Blätter 1 1/2 Stunden dämpfen.

KENT
MILD SEVEN
NTORY ROYAL
金柏影視
VIDEO COMPASS
KOREAN AIR

Fleischgerichte

Wer in China von Fleisch spricht, meint damit in der Regel Schweinefleisch. Sehr häufig wird es quer zur Faser in hauchdünne Scheiben oder Streifen geschnitten und sehr schnell gegart. Zusätzlich kommen verschiedene Gemüsesorten, Schalentieren oder sogar Fisch hinzu. Die Gerichte sind wegen ihrer knappen Garzeiten und vielfältigen Zutaten nicht nur gesund, sondern darüber hinaus für jeden Feinschmecker eine Augenweide.

Auf den folgenden Seiten finden Sie einfache „Blitzgerichte", die wenig Zeit und Vorbereitung erfordern, aber auch aufwendigere Gerichte, mit denen man liebe Gäste überraschen kann. Dies sollte man lange genug im voraus planen, da das Fleisch häufig längere Marinierzeiten benötigt.

Schweinefleisch mit Ananas

4 Portionen

Vorbereitung: 25 Minuten

Kochzeit: 10 Minuten

- 500 g Schweinefilet
- Sichuanpfeffer
- Salz
- 1 Ei
- 2 EL Speisestärke
- 2 Möhren
- 1 rote Paprikaschote
- 1 Zwiebel
- 4 EL Sesamöl
- 1/4 l Gemüsebrühe
- 3 EL Sojasauce
- 2 EL Tomatenmark
- 4 Scheiben Ananas
- 1 TL Curry
- 3 EL Obstessig
- schwarzer Pfeffer, gemahlen
- einige Tropfen Chiliöl
- 1/2 Bund Schnittlauch

1. Das Schweinefilet von Sehnen befreien und in hauchdünne Scheiben schneiden, diese mit Sichuanpfeffer und Salz kräftig würzen.

2. Das Ei verquirlen und mit der Speisestärke verrühren. Die Mischung gleichmäßig über das Fleisch verteilen und alles mit den Händen kräftig durcharbeiten.

3. Die Möhren und die Paprikaschote putzen und waschen, die Zwiebel schälen. Alles in Streifen schneiden.

4. Das Sesamöl in einer Pfanne erhitzen und die Fleischscheiben darin unter Rühren scharf anbraten, herausnehmen und zur Seite stellen.

5. Die Gemüsestreifen im verbliebenen Öl unter Rühren anbraten. Die Gemüsebrühe angießen, mit der Sojasauce und dem Tomatenmark verrühren und alles aufkochen lassen.

6. Die Ananas in Würfel schneiden, zusammen mit dem Curry und dem Obstessig zum Gemüse geben und alles erneut aufkochen lassen.

7. Zuletzt das Fleisch in der Gemüsemischung kurz erhitzen (nicht mehr kochen lassen) und das Gericht mit Salz, Pfeffer und Chiliöl abschmecken. Kurz vor dem Servieren mit Schnittlauchröllchen bestreuen.

Mariniertes Schweinegulasch

4 Portionen	4 rote Chilschoten, getrocknet
	125 ml dunkler Essig
Vorbereitung:	10 g Ingwer
25 Minuten	1 Zwiebel
Marinierzeit:	4 Knoblauchzehen
1 Stunde	500 g Schweinegulasch
Kochzeit:	$^{1}/_{4}$ TL Zimtpulver
50 Minuten	$^{1}/_{4}$ TL Nelkenpulver
	$^{1}/_{4}$ TL Muskatnuß, gemahlen
	$^{1}/_{4}$ TL schwarzer Pfeffer, gemahlen
	1 TL Kreuzkümmel, gemahlen
	1 TL Salz
	2 El Erdnußöl
	1TL brauner Zucker

TIP *Bereiten Sie dieses Gericht zur Abwechslung mit Schweinebauch und Kokosnußessig zu.*

1. Die Chilischoten etwa 10 Minuten in Essig einweichen.

2. Den Ingwer und die Zwiebel schälen und fein würfeln. Den Knoblauch schälen und grob zerkleinern.

3. Die Chilischoten zusammen mit dem Essig, dem Ingwer und dem Knoblauch im Mixer zu einer glatten Masse verarbeiten.

4. Die Masse zusammen mit dem Schweinefleisch in eine Schüssel geben, die Gewürze einarbeiten und alles etwa 1 Stunde marinieren.

5. Das Erdnußöl in einer Pfanne erhitzen und die Zwiebel goldbraun braten, anschließend das abgetropfte Fleisch dazugeben und mitbraten.

6. Die Marinade angießen und alles mit geschlossenem Deckel etwa 40 Minuten köcheln lassen. Zuletzt den Zucker unter das Gericht rühren.

舉世無雙

Chow Mein

4 Portionen

Vorbereitung: 30 Minuten

Kochzeit: 20 Minuten

300 g feine Eiernudeln
4 EL Erdnußöl
je 150 g Hühnerfleisch und Schweinefleisch, gekocht
25 g Bambussprossen
4 Frühlingszwiebeln
100 g Chinakohl
25 g Sojabohnenkeimlinge
1 Knoblauchzehe
1TL Ingwer, gerieben
75 ml Geflügel- oder Fleischbrühe
2 EL Sojasauce
1 TL Speisestärke

1. Die Nudeln mit etwas Öl in Wasser gar kochen und anschließend auf Küchenkrepp trocknen lassen.

2. Das Fleisch, die abgetropften Bambussprossen und die geputzten Frühlingszwiebeln in Scheiben schneiden. Den Chinakohl putzen, waschen und in Streifen schneiden. Die Sojabohnenkeimlinge waschen und verlesen. Den Knoblauch schälen und fein hacken.

3. In einer Pfanne 3 Eßlöffel Erdnußöl erhitzen und die Nudeln darin portionsweise von beiden Seiten braten, herausnehmen und warm halten.

4. Den Knoblauch und den Ingwer im verbliebenen Öl kurz braten. Die Fleischscheiben und das kleingeschnittene Gemüse dazugeben und alles unter Rühren 2 bis 3 Minuten braten. Alles herausnehmen und warm halten.

5. Die Brühe und die Sojasauce in die Pfanne geben und aufkochen lassen. Die Speisestärke mit etwas Wasser glattrühren, dazugießen und alles kurz aufkochen lassen.

6. Die Fleisch-Gemüse-Mischung mit der gewürzten Brühe verrühren.

7. Die Nudeln auf einem großen Teller anrichten, mit der Sauce übergießen und servieren.

Marinierte Fleischscheiben

4 Portionen

Vorbereitung: 15 Minuten

Kochzeit: 30 Minuten

Zeit zum Abkühlen: 30 Minuten

4 kleine Lauchstangen
40 g Ingwer
800 g Schweinenacken oder -bauch ohne Knochen
10 g Sichuanpfeffer und Sternanis

Für die Sauce:
2 Knoblauchzehen
15 g Ingwer
1 kleine Lauchstange
100 ml Austernsauce
4 EL Chiliöl
2 EL Sesamöl
4 EL Reiswein
2 EL Essig
4 EL Zucker
1/2 TL Sichuanpfeffer, gemahlen
1 Prise Glutamat

1. Die Lauchstangen unter fließendem Wasser putzen und waschen, den Ingwer schälen und grob zerteilen.

2. Das Schweinefleisch in einen großen Topf legen und mit Wasser bedecken. Den Lauch, den Ingwer und die Gewürze in den Topf geben und alles zugedeckt 30 Minuten kochen lassen.

3. Inzwischen den Knoblauch und den Ingwer für die Sauce schälen und fein hacken. Ein kleines Stück vom weißen Teil des Lauchs in dünne Ringe schneiden. Das kleingeschnittene Gemüse mit den restlichen Zutaten für die Sauce verrühren.

4. Das gekochte Schweinefleisch in hauchdünne Scheiben schneiden und auf einem Teller anrichten. Die Sauce über das Fleisch gießen, erkalten lassen und anschließend servieren.

十日之飲

Gemüsepfanne mit Filetstreifen

4 Portionen

Vorbereitung: 30 Minuten

Kochzeit: 10 Minuten

600 g Schweinefilet

Für die Marinade:

2 EL Hoisinsauce
2 EL Sojasauce
1 EL schwarzer Pfeffer, grobgemahlen
1 TL Fünf-Gewürz-Pulver
1 EL brauner Zucker

Außerdem:

je 1 rote und grüne Paprikaschote
1 Bund Frühlingszwiebeln
100 g Sojabohnenkeimlinge
2 Scheiben Ananas
4 EL Sesamöl
$^1/_4$ l Geflügelbrühe
4 EL Tomatenketchup
Sichuanpfeffer
Salz
1 Prise Glutamat

1. Das Schweinefleisch in feine Streifen schneiden. Die Würzsaucen, die Gewürze und den Zucker miteinander verrühren und die Fleischstreifen darin $^1/_2$ Stunde marinieren.

2. Die Paprikaschoten putzen, waschen und in Streifen schneiden. Die Frühlingszwiebeln putzen, waschen und in Ringe schneiden. Die Sojabohnenkeimlinge waschen und verlesen. Die Ananasscheiben würfeln.

3. Das Sesamöl in einer Pfanne erhitzen und die Fleischscheiben darin unter Rühren scharf anbraten, anschließend herausnehmen und warm stellen.

4. Das kleingeschnittene Gemüse in die Pfanne geben und unter häufigem Rühren braten.

5. Die Geflügelbrühe angießen, die Ananaswürfel und das Tomatenketchup dazugeben und alles noch einmal kurz aufkochen lassen.

6. Die Gemüse-Ananas-Mischung mit dem Fleisch verrühren und das Gericht kräftig mit Sichuanpfeffer, Salz und Glutamat abschmecken.

Schweinebauch mit Austernpilzen

4 Portionen

Vorbereitung:
1 Stunde

Kochzeit:
50 Minuten

600 g Schweinebauch

Für die Marinade:

1 TL schwarzer Pfeffer, grobgemahlen
$^1/_2$ TL Sichuanpfeffer
Salz
2 EL Hoisinsauce
2 EL Sojasauce

Außerdem:

250 g Austernpilze
1 Bund Frühlingszwiebeln
3 EL Sesamöl
$^1/_4$ l Gemüsebrühe
60 ml Reiswein
1 TL Fünf-Gewürz-Pulver
1 Msp. Zitronenpfeffer
1 EL Speisestärke
1 Prise Glutamat

1. Das Fleisch würfeln und mit den beiden Pfeffersorten und dem Salz kräftig würzen. Die beiden Gewürzsaucen miteinander verrühren und das Fleisch darin 1 Stunde marinieren.

2. Die Austernpilze mit einem trockenen Tuch abreiben. Die Frühlingszwiebeln putzen, waschen und in feine Ringe schneiden.

3. Das Sesamöl in einer Pfanne erhitzen und das Fleisch darin unter Rühren braten.

4. Anschließend die Gemüsebrühe und den Reiswein angießen und alles kräftig würzen. Bei mäßiger Hitze 50 Minuten köcheln lassen.

5. Die Austernpilze und die Frühlingszwiebeln dazugeben und bißfest garen. Die Speisestärke und das Glutamat unterrühren und das Gericht nochmals abschmecken.

同坐同食

Schweinefleisch süß-sauer

4 Portionen

Vorbereitung: 20 Minuten

Kochzeit: 10 Minuten

400 g mageres Schweinefleisch
2 Knoblauchzehen
Salz
1/2 TL Sichuanpfeffer
4 EL Sesamöl
2 Orangen
1 Zwiebel
1 rote Paprikaschote
200 g Blumenkohl
200 g Brokkoli
2 Ingwernüsse, in Sirup eingelegt
2 EL Sojasauce
1/4 l Fleischbrühe
1 EL Honig
2 EL Essig
1/2 TL Korianderpulver
1 Prise Ingwerpulver
1 Prise Glutamat
1 TL Speisestärke

1. Das Schweinefleisch in Streifen schneiden. Die Knoblauchzehen schälen und mit dem Salz zerreiben, mit dem Pfeffer mischen und damit das Fleisch einreiben.
2. Das Sesamöl in einer Pfanne erhitzen und das Fleisch darin unter Rühren braten, anschließend herausnehmen und warm stellen.
3. Die Orangen und die Zwiebel schälen. Die Paprikaschote putzen und waschen. Alles würfeln. Den Blumenkohl und den Brokkoli putzen, waschen und in Röschen zerteilen, die Ingwernüsse fein hacken.
4. Die Sojasauce ins verbliebene Öl geben und das vorbereitete Gemüse darin bißfest garen. Die Orangenwürfel und die Ingwernüsse dazugeben.
5. Die Fleischbrühe angießen. Den Honig, den Essig und die Gewürze unterrühren und das Gericht mit der in etwas Wasser aufgelösten Speisestärke binden.
6. Das Fleisch vorsichtig unterrühren und kurz erhitzen.

舉世皆知.

Schweinefleisch „Shanghai“

2 Portionen

Vorbereitung: 20 Minuten

Kochzeit: 20 Minuten

30 g chinesische Blumenpilze, getrocknet
150 g Schweinenacken
2 Knoblauchzehen
120 g Bambussprossen
je 60 g rote und grüne Paprikaschoten
60 g gekochter Schinken
10 EL Erdnußöl
2 EL Sambal oelek
80 g Erbsen

Für die Sauce:

1/4 l Geflügelbrühe
2 EL Sojasauce
2 EL süße Bohnensauce
3 EL Zucker
1/2 TL Salz
1/2 TL Pfeffer
1 Prise Glutamat
1 EL Speisestärke

Außerdem:

1 EL Sesamöl
100 g gesalzene, geröstete Erdnüsse

1. Die Pilze 20 Minuten in warmem Wasser einweichen, anschließend abtropfen lassen und würfeln.
2. Den Schweinenacken 15 Minuten in Wasser kochen, herausnehmen und in Würfel schneiden.
3. Die Knoblauchzehen schälen und fein hacken. Die Bambussprossen abtropfen lassen, die Paprikaschoten putzen, waschen und zusammen mit dem Schinken würfeln.
4. Das Erdnußöl in einer Pfanne erhitzen. Die Pilze und die Gemüsewürfel darin unter Rühren kurz braten, herausnehmen und beiseite stellen.
5. Den Knoblauch und den Sambal im verbliebenen Öl kurz braten. Die Fleisch- und die Schinkenwürfel sowie sämtliches Gemüse zugeben und alles 2 Minuten unter Rühren braten.
6. Die Geflügelbrühe und die Würzsaucen angießen und mit den Gewürzen abschmecken. Die Speisestärke mit wenig Wasser glattrühren, zum Gericht geben und alles aufkochen lassen.
7. Das Gericht kurz vor dem Servieren mit Sesamöl beträufeln und mit Erdnüssen bestreuen.

Rotgeschmorte Schweinshaxe

4 Portionen

Vorbereitung:
10 Minuten

Kochzeit:
90 Minuten

1 große Schweinshaxe
Salz
1 Bund Suppengemüse
$^1/_8$ l Essig
60 ml Sojasauce
3 EL Honig
je 1 TL Sichuanpfeffer, Koriander, Anis, Wacholderbeeren
2 Möhren
1 Bund Frühlingszwiebeln
1 Stück Staudensellerie
1 Knoblauchzehe
4 EL Sesamöl
4 EL Sojasauce
3 EL Hoisinsauce
2 EL Mangochutney
$^1/_8$ l Tomatenketchup
4 EL Schnittlauchröllchen

1. Die Schweinshaxe in einen großen Topf legen und mit 1 Liter Salzwasser begießen. Das geputzte Suppengemüse, den Essig, die Sojasauce, den Honig und die Gewürze zufügen und alles 80 Minuten kochen.

2. Inzwischen das Gemüse putzen, waschen und in Scheiben schneiden. Die Knoblauchzehe schälen und fein hacken.

3. Anschließend das Fleisch vom Knochen lösen, in Würfel schneiden und in heißem Sesamöl unter Rühren braten. Das Gemüse dazugeben und mitbraten.

4. Die Würzsaucen mit dem Mangochutney, dem Tomatenketchup und der Knoblauchzehe verrühren, zur Fleisch-Gemüse-Mischung geben und unter ständigem Rühren braten.

5. Das Gericht abschmecken und kurz vor dem Servieren mit Schnittlauchröllchen bestreuen.

食玉炊桂

Gemüsepotpourri mit Nierchen

4 Portionen

Vorbereitung: 15 Minuten

Kochzeit: 35 Minuten

1 rote Paprikaschote
2 Möhren
1 Stück Sellerie
1 Bund Frühlingszwiebeln
1 Zwiebel
200 g küchenfertige Schweinenierchen
400 g Schweinefleisch
4 EL Sesamöl
1/4 l Fleischbrühe
2 EL Pflaumensauce
1/8 l Sojasauce
1/8 l Weißwein
2 EL Essig
1 TL Fünf-Gewürz-Pulver
1 TL brauner Zucker
1 Prise Glutamat
1 TL Speisestärke

1. Das Gemüse putzen, waschen und in Streifen schneiden. Die Zwiebel schälen und ebenfalls in Streifen schneiden.

2. Die Nierchen und das Schweinefleisch waschen, trockentupfen und in Streifen schneiden.

3. Das Sesamöl in einer Pfanne erhitzen und zunächst die Nierchen darin unter Rühren braten, herausnehmen und warm stellen.

4. Anschließend die Fleischstreifen im verbliebenen Öl braten. Die Gemüsestreifen dazugeben und kurz mitbraten.

5. Die Fleischbrühe angießen, die Würzsaucen, den Weißwein, Essig und die Gewürze unterrühren und alles 30 Minuten schmoren.

6. Das Gericht mit den Nierchen mischen und mit der in etwas Wasser aufgelösten Speisestärke binden.

三様呆

Mariniertes Schweineherz

2 - 3 Portionen

Vorbereitung:
35 Minuten (mit Marinierzeit)

Kochzeit:
10 Minuten

400 g Schweineherzen

Für die Marinade:

1 Ei
je 1/2 TL Salz, Pfeffer, Zucker, Glutamat
3 TL Speisestärke
60 ml Wasser
2 EL Sojasauce
1/8 l Öl

Außerdem:

30 g chinesische Blumenpilze, getrocknet
120 g Bambussprossen
20 g Frühlingszwiebeln
10 g Ingwer
2 Knoblauchzehen
6 EL Erdnußöl
1/8 l Geflügelbrühe
60 ml dunkle Sojasauce
3 EL Reiswein
3 TL Zucker
1/2 TL Salz
1/2 TL weißer Pfeffer
1 Prise Glutamat
1 EL Speisestärke
3 EL Sesamöl

1. Die Schweineherzen zunächst in Scheiben und anschließend in Würfel schneiden.
2. Ei, Gewürze, Speisestärke, Wasser, Sojasauce und Öl verrühren und die Fleischwürfel 30 Minuten in der Marinade ziehen lassen.
3. Die Pilze etwa 30 Minuten in warmem Wasser einweichen.
4. Die abgetropften Bambussprossen und die geputzten Frühlingszwiebeln in dünne Scheiben schneiden. Den Ingwer und die Knoblauchzehen schälen und fein hacken.
5. Das Erdnußöl in einer Pfanne erhitzen und den Ingwer und den Knoblauch darin kurz braten. Das Schweineherz und das kleingeschnittene Gemüse dazugeben und alles 2 Minuten unter häufigem Rühren braten.
6. Die Geflügelbrühe und die Sojasauce angießen und kurz aufkochen lassen. Reiswein, Zucker, Salz, Pfeffer und Glutamat unterrühren. Die Speisestärke mit etwas Wasser glattrühren, zum Gericht geben und alles noch einmal kurz aufkochen lassen.
7. Zuletzt das Gericht mit Sesamöl beträufeln und kurz erhitzen.

Würzige Schweinerippchen

4 Portionen

Vorbereitung: 10 Minuten

Kochzeit: 60 Minuten

2 Knoblauchzehen
1 TL Salz
1/2 TL schwarzer Pfeffer
1/2 TL Fünf-Gewürz-Pulver
2 EL Sojasauce
1 EL Sesamöl
1 EL Honig
1 kg Schweinerippchen

TIP *Sie können die Rippchen auch auf der Kochplatte zubereiten. Erhitzen Sie 2 Eßlöffel Öl in einem flachen Topf, braten die Rippchen an, fügen Wasser hinzu und garen die Rippchen abgedeckt etwa 35 Minuten.*

1. Die Knoblauchzehen schälen, fein hacken und mit Salz, Pfeffer, Gewürzpulver, Sojasauce, Sesamöl und Honig verrühren.

2. Die Rippchen mit dieser Mischung kräftig einreiben, in einen Bräter legen und bei 200° C 1 Stunde im Ofen garen.

3. Die Rippchen nach 30 Minuten wenden und 1/8 Liter Wasser angießen. Anschließend alle 10 Minuten mit dem Bratensatz begießen.

4. Nach Beendigung der Garzeit die Schweinerippchen auf Tellern anrichten und servieren.

垂涎欲滴.

Schweinerippe auf Spinatbett

4 Portionen

Vorbereitung:
30 Minuten

Kochzeit:
180 Minuten

Zeit zum Ziehen:
ca. 20 Stunden

100 g Möhren
3 kleine Lauchstangen
50 g Ingwer
5 Chilischoten
800 g Schweinerippe, in 10 cm lange Stücke gehackt
1 l Öl zum Fritieren

Für die Sauce:
$^1/_2$ l Geflügelbrühe
120 ml Reiswein
3 EL Sojasauce
5 EL Sambal oelek
4 EL Zucker
3 TL weißer Pfeffer
3 TL Salz
1 Prise Glutamat

Außerdem:
1 EL Sojasauce
1 Prise Glutamat
1 TL Speisestärke
5 EL Öl
100 g frischer Blattspinat

1. Die Möhren putzen, waschen und in lange, breite Stücke schneiden. Die Lauchstangen putzen, waschen und quer halbieren. Den Ingwer schälen und zusammen mit den Chilischoten grob zerteilen.
2. Die Rippenstücke im heißen Öl 5 Minuten fritieren, anschließend die Möhrenstücke 2 Minuten fritieren und beides beiseite stellen.
3. In einer Pfanne erneut 8 Eßlöffel Öl erhitzen und die Lauchstangen, den Ingwer und die Chilischoten darin unter Rühren braten. Die fritierten Rippen- und Möhrenstücke dazugeben und kurz mitbraten.
4. Die Geflügelbrühe und den Reiswein angießen und mit den restlichen Saucenzutaten würzen. Alles 5 Minuten kochen und weitere 15 Minuten bei mäßiger Hitze schmoren lassen.
5. Die Rippen und die Möhren herausnehmen und in eine große Schale übereinander legen. Die Sauce durch ein Sieb über die Rippen gießen. Die Schale mit einem Deckel verschließen und das Gericht 1 $^1/_2$ Stunden über Dampf garen, anschließend kalt stellen.
6. Am nächsten Tag erneut 1 Stunde dämpfen.
7. Die Sauce in einer Pfanne erhitzen. Sojasauce und Glutamat unterrühren und alles aufkochen lassen. Das Gericht mit Speisestärke binden, zuletzt mit dem Öl beträufeln.
8. Den Spinat putzen und blanchieren. Das Fleisch auf dem Spinatbett anrichten und mit der Sauce übergießen.

Chinesischer Rinderschmorbraten

4 Portionen

Vorbereitung: 15 Minuten
Marinierzeit: 12 Stunden
Kochzeit: 100 Minuten

1 kg küchenfertiger Rinderbraten

Für die Marinade:
Sichuanpfeffer
Salz
4 EL Sojasauce
2 EL Hoisinsauce
2 EL Essig
2 EL Honig
je 1 TL Pfeffer, Koriander und Anis, grobgemahlen

Außerdem:
4 EL Sesamöl
$^1/_4$ l Fleischbrühe
1 große Dose geschälte Tomaten
6 chinesische Pilze, eingeweicht
2 Möhren
1 Bund Frühlingzwiebeln
3 EL Pflaumensauce
1 Prise Glutamat
1 TL Speisestärke
4 EL Schnittlauchröllchen

1. Den Rinderbraten mehrmals mit einer Gabel einstechen und mit Pfeffer und Salz einreiben.
2. Würzsaucen, Essig, Honig und Gewürze miteinander verrühren, das Fleisch damit einstreichen und über Nacht im Kühlschrank marinieren.
3. Das Sesamöl in einer Pfanne erhitzen und das Fleisch darin anbraten, bis es Farbe annimmt.
4. Die Fleischbrühe und die geschälten Tomaten dazugeben und alles bei mäßiger Hitze 90 Minuten schmoren.
5. Inzwischen die Pilze abtropfen lassen, die Möhren und die Frühlingszwiebeln putzen und waschen. Alles in Steifen schneiden und 10 Minuten vor dem Garende zum Braten geben.
6. Die Pflaumensauce unterrühren und alles kräftig abschmecken. Die Speisestärke mit etwas Wasser glattrühren, zum Gericht geben und unter Rühren aufkochen lassen.
7. Das Fleisch in Scheiben schneiden, anschließend in der Sauce nochmals kurz erhitzen. Mit den Schnittlauchröllchen bestreut servieren.

Kantonesische Rindfleischpfanne

2 Portionen

Vorbereitung: 40 Minuten

Kochzeit: 10 Minuten

350 g Rindsfilet oder Roastbeef

Für die Marinade:

1 Ei

je 1/2 TL Salz, Pfeffer, Zucker, Glutamat

3 TL Speisestärke

60 ml Wasser

2 EL Sojasauce

1/8 l Öl

Außerdem:

1 l Öl zum Fritieren

300 g Brokkoli

1 TL Salz

1/8 l Geflügelbrühe

4 EL Austernsauce

2 EL Zucker

1/2 TL Pfeffer

1 Prise Glutamat

1 EL Speisestärke

1 EL Sesamöl

1. Das Rindfleisch in dünne Scheiben schneiden.
2. Ei, Gewürze, Speisestärke, Wasser, Sojasauce und Öl miteinander verrühren. Das Fleisch 30 Minuten in der Marinade ziehen lassen.
3. Das Fleisch anschließend in heißem Öl fritieren, herausnehmen und beiseite stellen.
4. Die Brokkoli in Röschen zerteilen und in 1 Liter Salzwasser 2 Minuten kochen.
5. In einer Pfanne erneut 8 Eßlöffel Öl erhitzen und das fritierte Fleisch darin unter Rühren 2 Minuten braten. Die Geflügelbrühe angießen, Austernsauce, Zucker, Pfeffer und Glutamat unterrühren und alles zum Kochen bringen.
6. Die Speisestärke mit wenig Wasser glattrühren, zum Gericht geben und unter Rühren aufkochen lassen. Mit Sesamöl beträufeln.
7. Die Brokkoli auf dem Tellerand anordnen, die Fleischscheiben in der Mitte anrichten.

福在吃.

Rumpsteak mit Zuckerschoten

4 Portionen

Vorbereitung:
40 Minuten

Kochzeit:
10 Minuten

- 500 g Rumpsteak
- 2 EL Sojasauce
- $^1/_2$ TL Salz
- 6 chinesische Pilze, getrocknet
- 250 g Zuckerschoten
- 1 Bund Frühlingszwiebeln
- 3 EL Erdnußöl
- $^1/_8$ l Fleischbrühe
- 1 EL chinesischer Wein oder Sherry
- $^1/_2$ TL brauner Zucker
- 3 TL Speisestärke

1. Das Fleisch von Fett und Sehen befreien und fein schnetzeln. Die Sojasauce mit dem Salz verrühren und das Fleisch darin etwa 30 Minuten marinieren.
2. Inwischen die Pilze 20 Minuten in warmem Wasser einweichen und anschliessend in Streifen schneiden.
3. Die Zuckerschoten entfädeln und schräg halbieren, die Frühlingszwiebeln putzen, waschen und in Ringe schneiden.
4. Das Erdnußöl in einer Pfanne erhitzen und die Fleischstreifen darin kurz braten und herausnehmen.
5. Anschließend die Pilze, die Zuckerschoten und die Frühlingszwiebeln im verbliebenen Öl etwa 1 Minute braten.
6. Die Fleischbrühe angießen, den Wein und den Zucker unterrühren. Die Speisestärke mit wenig Wasser glattrühren, zum Gericht geben und unter Rühren aufkochen lassen.
7. Die Fleischstreifen zum Gemüse geben und darin kurz erhitzen.

絕無僅有.

Rinderfilet mit Zwiebeln

4 Portionen

Vorbereitung: 25 Minuten

Kochzeit: 10 Minuten

- 600 g Rinderfilet
- schwarzer Pfeffer, gemahlen
- Salz
- 40 ml Reiswein
- 5 EL Sojasauce
- 2 EL Hoisinsauce
- 2 EL Honig
- 2 Möhren
- 4 Zwiebeln
- 4 EL Erdnußöl
- 1/4 l Gemüsebrühe
- 1 EL Speisestärke
- 1 Prise Cayennepfeffer

1. Das Fleisch von Fett und Sehnen befreien und fein würfeln. Kräftig pfeffern und salzen.

2. Den Reiswein mit den Würzsaucen und dem Honig mischen und über das Fleisch geben.

3. Die Möhren putzen und unter fließendem Wasser waschen, die Zwiebeln schälen und beides in dünne Streifen oder feine Würfel schneiden.

4. Das Erdnußöl in einer Pfanne erhitzen und die Fleischstreifen darin unter ständigem Rühren braten, dann herausnehmen und beiseite stellen. Anschließend das Gemüse in dem verbliebenen Öl etwa 1 Minute anbraten.

5. Die Gemüsebrühe angießen. Die Speisestärke mit wenig Wasser glattrühren, zum Gericht geben und alles kurz aufkochen lassen.

6. Die Fleischstreifen zum Gemüse geben und darin kurz erhitzen, alles nochmals abschmecken.

一面吃一面談

Mariniertes Rinderfilet

4 Portionen

Vorbereitung: 25 Minuten
Marinierzeit: 24 Stunden
Kochzeit: 15 Minuten

500 g Rinderfilet

Für die Marinade:

2 Knoblauchzehen
1 Frühlingszwiebel
1/8 l Reiswein
5 EL helle Sojasauce
3 TL scharfe Sojasauce
2 TL Essig
1 TL Salz
2 EL Zucker
3 TL Tomatenketchup
1 EL Speisestärke

Außerdem:

1/8 l Öl
3 EL Sesamöl
6 Salatblättter

1. Das Fleisch in längliche, dünne Streifen schneiden und diese flachklopfen.
2. Den Knoblauch schälen, die Frühlingszwiebel putzen und waschen, beides fein hacken. Mit Reiswein, Sojasaucen, Essig, Gewürzen, Tomatenketchup und Speisestärke gut verrühren. Die Fleischstreifen in dieser Marinade 1 Tag ziehen lassen.
3. Das Öl in einer Pfanne erhitzen und die Fleischstreifen darin portionsweise etwa 2 Minuten braten, bis sie Farbe annehmen. Herausnehmen und abtropfen lassen.
4. Die Knoblauch- und die Zwiebelstücke aus der Marinade nehmen und in heißem Öl unter ständigem Rühren kurz braten. 2/3 der Marinade angießen und etwas einkochen lassen.
5. Die gebratenen Fleischstreifen dazugeben und unter ständigem Rühren so lange kochen lassen, bis die gesamte Flüssigkeit verdampft ist. Das Gericht mit Sesamöl beträufeln.
6. Die Fleischstreifen auf den geputzten Salatblättern anrichten.

Gekochte Hochrippe mit Rettich

4 Portionen

Vorbereitung:
60 Minuten

Kochzeit:
60 Minuten

1 kg Hochrippe
300 g Rettich
300 g Möhren
50 g Frühlingszwiebeln
50 g Chilischoten
50 g Ingwer
10 EL Erdnußöl
3 EL Sambal oelek
30 g Tang Gul
20 g Sternanis
15 EL Süßholzwurzel
3 EL Zucker
3 TL Salz
1 Prise Glutamat

1. Die Hochrippe 40 Minuten in 2 Liter Wasser kochen. Herausnehmen und 20 Minuten wässern, anschließend in Würfel schneiden.

2. Den Rettich und die Möhren schälen und ebenfalls würfeln. Die geputzten Frühlingszwiebeln und die Chilischoten längs halbieren, den Ingwer schälen und alles fein hacken.

3. Das Erdnußöl in einer Pfanne erhitzen und den Sambal 1 Minute darin braten. Die Frühlingszwiebeln, den Ingwer und die Chilischoten dazugeben und ebenfalls 1 Minute braten. Anschließend 2 $^1/_2$ Liter Wasser angießen und alles zum Kochen bringen.

4. Tang Gul, Sternanis und Süßholzwurzel zufügen und alles 5 Minuten kochen. Weitere 40 Minuten bei mäßiger Hitze köcheln.

5. Das Gericht mit Zucker, Salz und Glutamat würzen und nochmals 20 Minuten schmoren lassen.

十日之飲

Lammkeule mit gebratenem Wirsing

4 Portionen

Vorbereitung: 15 Minuten

Kochzeit: 20 Minuten

300 g Lammkeule, küchenfertig, ohne Knochen
schwarzer Pfeffer
Salz
1 TL Sojasauce
1 TL asiatische Pilzsauce
Mehl zum bestäuben
1 große Zwiebel
2 Knoblauchzehen
1 Zweig Pfefferminze
1 Kopf Wirsing
3 EL Erdnußöl
1 TL Obstessig
1 TL Honig
Muskat, gemahlen
40 g kalte Butter
1 EL Sesamkörner
1 TL Speisestärke
$^1/_8$ l Kalbsfond

1. Die Lammkeule in Streifen schneiden, pfeffern, salzen, mit Soja- und Pilzsauce beträufeln und mit etwas Mehl bestäuben.
2. Die Zwiebel und die Knoblauchzehen schälen und in feine Scheiben schneiden. Die Pfefferminze waschen und die Blätter vom Stiel zupfen.
3. Den Wirsing halbieren und den Strunk keilförmig herausschneiden. Den Kohl in feine Streifen schneiden und waschen. Die Streifen in kochendem Salzwasser etwa 2 Minuten bißfest blanchieren, dann abschrecken und gut abtropfen lassen.
4. Das Öl in einer Pfanne stark erhitzen und das Lammfleisch darin unter ständigem Rühren etwa $1^1/_2$ Minuten braten. Dann herausnehmen und beiseite legen.
5. Im verbleibenden Öl die Zwiebelscheiben goldbraun braten. Die Wirsingstreifen etwa 1 Minute mitbraten. Essig und Honig hineinrühren und das Ganze mit Salz, Pfeffer und Muskat abschmecken.
6. Die Butter in Flöckchen darunterrühren, den Wirsing auf einer Platte anrichten und warm stellen.
7. Noch einmal etwas Öl erhitzen und den Knoblauch sowie die Sesamkörner darin anrösten. Die Pfefferminzblätter dazugeben. Die angerührte Speisestärke dazugeben, alles verrühren und mit dem Kalbsfond ablöschen.
8. Das gebratene Lammfleisch noch einmal kurz in der Sauce erhitzen und dann auf einer separaten Platte zum Wirsing

Lammfleisch mit Zuckerschoten

4 Portionen

Vorbereitung:
15 Minuten

Kochzeit:
10 Minuten

servieren.

500 g Zuckerschoten
2 Knoblauchzehen
Salz
Sichuanpfeffer
1 EL Zitronenschale
2 EL Sojasauce
2 EL Honig
je 1 TL Kümmel, Koriander und Anis, grobgemahlen
500 g Lammfilet
2 EL Speisestärke
4 EL Erdnußöl
1/4 l Geflügelbrühe
2 EL Tomatenmark
2 EL Essig
1 Prise Glutamat
1 EL Speisestärke

1. Die Zuckerschoten entfädeln und schräg halbieren.

2. Die Knoblauchzehen schälen, fein hakken und mit Salz, Sichuanpfeffer, Zitronenschale, Sojasauce, Honig und den Gewürzen verrühren.

3. Das Lammfleisch würfeln, mit der Mischung verrühren und mit Speisestärke bestäuben.

4. Das Erdnußöl in einer Pfanne erhitzen und die Fleischwürfel darin kräftig braten, herausnehmen und warm stellen.

5. Anschließend die Zuckerschoten im verbliebenen Öl unter Rühren braten. Die Geflügelbrühe angießen und mit Tomatenmark, Essig und Glutamat abschmecken. Die Speisestärke mit wenig Wasser glattrühren, zu dem Gericht geben und alles aufkochen lassen.

6. Die Fleischwürfel zum Gemüse geben und darin erhitzen. Das Gericht bei Bedarf nochmals abschmecken.

香噴噴.

Geschmorter Lammnacken

4 Portionen

Vorbereitung:
30 Minuten

Kochzeit:
40 Minuten

- 30 g chinesische Blumenpilze, getrocknet
- 600 g Lammnacken
- 1 kleine Möhre
- 100 g Bambussprossen
- 3 Schalotten
- 10 g Ingwer
- 10 EL Erdnußöl
- 2 Sternanis
- 60 ml Sojasauce
- 5 EL Kao-Liang-Schnaps
- 1 TL schwarzer Pfeffer, gemahlen
- 1 TL Salz
- 1 Prise Glutamat
- 3/4 l Geflügelbrühe
- 2 EL Speisestärke
- 5 EL Sesamöl

1. Die Pilze etwa 20 Minuten in warmem Wasser einweichen.

2. Das Lammfleisch würfeln. In 1 Liter Wasser 3 Minuten kochen, anschließend herausnehmen.

3. Die Möhre putzen und waschen und zusammen mit den Bambussprossen würfeln. Die Schalotten schälen und fein hakken und den Ingwer schälen und in dünne Scheiben schneiden.

4. Das Erdnußöl in einer Pfanne erhitzen und den Sternanis, die Schalotten und den Ingwer kurz darin braten. Das Gemüse dazugeben und unter Rühren kurz braten. Die Fleischwürfel hinzufügen und eine weitere Minute unter ständigem Rühren braten.

5. Die Sojasauce unterrühren und alles 1 Minute aufkochen lassen. Anschließend den Schnaps, die Gewürze und die Brühe dazugeben und das Ganze 5 Minuten kochen lassen.

6. Alles zugedeckt 30 Minuten bei mäßiger Hitze köcheln. Das Gericht bei Bedarf mit Speisestärke binden und mit Sesamöl

Süß-saures Rehfilet

4 Portionen

Vorbereitung: 10 Minuten

Marinierzeit: 2 Stunden

Kochzeit: 10 Minuten

beträufeln.

- 500 g Rehfilet, in Streifen
- 1 EL zerdrückte Wacholderbeeren
- 4 EL Sesamöl
- 2 EL Hoisinsauce
- 2 EL Sojasauce
- 1 TL Fünf-Gewürz-Pulver
- 1 Bund Frühlingszwiebeln, in Ringen
- 8 Wolkenohrpilze, eingeweicht
- 2 EL Essig
- 2 EL Honig
- schwarzer Pfeffer, gemahlen
- Salz
- 1 Prise Glutamat

1. Das Fleisch mit den Wacholderbeeren einreiben, mit 2 Eßlöffeln Sesamöl, den Gewürzsaucen und dem Gewürzpulver mischen und mindestens 2 Stunden marinieren.

2. Das restliche Öl erhitzen und das Fleisch unter ständigem Rühren darin braten, herausnehmen und warm stellen.

3. Anschließend die Frühlingszwiebeln und die Pilze im verbliebenen Öl unter Rühren braten. Mit dem Fleisch mischen.

4. Das Gericht mit Essig, Honig und den Gewürzen abschmecken.

Entenbrust mit Früchten

4 Portionen

Vorbereitung: 15 Minuten

Marinierzeit: 2 Stunden

Kochzeit: 10 Minuten

- 4 Entenbrustfilets, in Streifen
- 2 EL Sojasauce
- 4 EL Sesamöl
- 1/2 TL Fünf-Gewürz-Pulver
- 2 Selleriestangen, gewürfelt
- 100 g Litschis, halbiert
- 100 g Melone, gewürfelt
- 2 Scheiben Ananas, gewürfelt
- 1/8 l Geflügelbrühe
- 2 EL Hoisinsauce
- 2 EL Tomatenmark
- 1 EL Essig
- schwarzer Pfeffer, gemahlen
- Salz
- 1 Prise brauner Zucker

1. Das Entenfleisch mit der Sojasauce, 2 Eßlöffeln Sesamöl und dem Gewürzpulver mischen und mindestens 2 Stunden marinieren.

2. Das restliche Öl in einer Pfanne erhitzen und das Fleisch unter ständigem Rühren darin braten, herausnehmen und warm stellen.

3. Zuerst die Selleriewürfel unter Rühren braten, dann die Früchte kurz mitbraten. Mit dem Fleisch mischen.

4. Die Geflügelbrühe angießen, das Gericht mit den restlichen Zutaten würzen und nochmals aufkochen.

(auf dem Foto: unten)

Mongolischer Feuertopf

6 Portionen

Vorbereitung:
30 Minuten

Zeit zum Gefrieren:
2 Stunden

(auf dem Foto: oben)

1 kg Lammkeule
300 g Tofu
100 g Glasnudeln
250 g Chinakohl
250 g Staudensellerie
40 g Frühlingszwiebeln
50 g Petersilie
2 1/2 l Geflügelbrühe
Sojasauce
Hoisinsauce
Sa-Cha-Chiang-Sauce
Reisweinessig
Shaoshingwein
Chiliöl
Sesampaste
Shrimpspaste
chinesisches Sesambrot

TIP *Reichen Sie dazu eingelegten Knoblauch oder Ingwer. Nehmen Sie dafür 2 Reisschalen Zhejiang-süß-saure-Sauce, 1/4 Reisschale Essig, 300 g jungen, geschälten Knoblauch oder Ingwer, geben Sie alles in einen Tontopf, verschließen Sie diesen mit einem Deckel und lassen Sie alles einen Monat ziehen.*

1. Das Lammfleisch und den Tofu 2 Stunden ins Gefrierfach legen, damit sie sich besser schneiden lassen. Das angefrorene Fleisch in dünne Scheiben schneiden, den Tofu würfeln.

2. Die Glasnudeln 20 Minuten in warmem Wasser einweichen.

3. Das Gemüse putzen, waschen und fein schneiden.

4. Die Geflügelbrühe im Feuertopf aufkochen lassen. Den Topf in die Mitte des Tisches stellen und die restlichen Zutaten darum herum anrichten.

5. Bei Tisch füllt sich jeder Gast Fleisch, Nudeln und Gemüse in ein kleines Sieb und gart alles 2 bis 3 Minuten in der Geflügelbrühe. Die gegarten Zutaten werden anschließend in die Saucen gedippt.

有吃有喝.

Geflügelgerichte

Bei keinem chinesischen Festessen dürfen Geflügelgerichte fehlen - Enten, Hühner oder Tauben werden in einer bewunderns-werten Vielfalt zubereitet und liebevoll angerichtet. Für kurzgebratene Gerichte wird das Fleisch in dünne Scheiben oder Streifen geschnitten und mit Gemüse oder Früchten kombiniert. Häufig wird das Fleisch vor der Zubereitung mariniert oder mit Gewürzen eingerieben. Wird ein Huhn im ganzen gebraten, soll nach chinesischer Sitte der Kopf und der Hals dranbleiben und auf der Festtafel so ausgerichtet wer-den, daß sie zum Ehrengast hinzeigen. So vielfältig die Zubereitungsarten auch sein mögen, eines ist allen Gerichten gemeinsam, egal ob scharf oder mild, würzig oder fruchtig - eine Verlockung sind sie allemal.

Gemüse-Ananas-Hähnchen

4 Portionen

Vorbereitung: 25 Minuten

Kochzeit: 10 Minuten

1 küchenfertiges Hähnchen
200 g Hähnchenleber
schwarzer Pfeffer, gemahlen
Salz
Mehl
je 1 rote und grüne Paprikaschote
1 Zwiebel
4 Scheiben Ananas
200 g Brokkoli
6 EL Sesamöl

Für die Sauce:
1/8 l Geflügelbrühe
2 EL Sojasauce
2 EL Hoisinsauce
2 EL Honig
2 EL Tomatenmark
1 Prise Glutamat

1. Das Hähnchen in 3 Zentimeter große Stücke hacken. Diese Stücke und die Hähnchenleber pfeffern, salzen und in Mehl wenden.
2. Die Paprikaschoten putzen und waschen, die Zwiebeln schälen, beides zusammen mit den Ananasscheiben in Würfel schneiden. Die Brokkoli in Röschen zerteilen.
3. Das Sesamöl in einer Pfanne erhitzen und die Leber darin braten, herausnehmen und warm stellen.
4. Anschließend die Hähnchenstücke im verbliebenen Öl unter ständigem Rühren braten. Dann das Gemüse dazugeben und kurz mitbraten.
5. Die Geflügelbrühe und die Würzsaucen angießen. Honig, Tomatenmark und Glutamat unterrühren.
6. Die Hähnchenleber und die Ananas dazugeben, kurz erhitzen und das Gericht nochmals abschmecken.

慢慢吃.

Nussige Hähnchenwürfel

4 Portionen

Vorbereitung: 15 Minuten

Kochzeit: 10 Minuten

4 Hähnchenbrustfilets
1 TL Fünf-Gewürz-Pulver
Sichuanpfeffer
Salz
1 Zwiebel
1 Selleriestange
2 Möhren
6 EL Sesamöl

Für die Sauce:

$^1/_4$ l Geflügelbrühe
2 EL Sojasauce
1 EL Tomatenmark
$^1/_2$ TL Essig
6 EL Erdnußpüree (1 Tasse)
1 Prise brauner Zucker
1 Prise Glutamat
1 TL Speisestärke

Außerdem:

4 EL Schnittlauchröllchen

1. Die Hähnchenbrustfilets würfeln, mit dem Gewürzpulver, dem Pfeffer und dem Salz kräftig würzen.

2. Die Zwiebel schälen, die Selleriestange und die Möhren putzen und waschen, alles Gemüse würfeln.

3. Das Sesamöl in einer Pfanne erhitzen und die Fleischwürfel darin unter ständigem Rühren braten, herausnehmen und warm stellen.

4. Anschließend die Gemüsewürfel im verbliebenen Öl bißfest braten. Die Geflügelbrühe angießen, Sojasauce, Tomatenmark, Essig, Erdnußpüree, Zucker und Glutamat unterrühren. Die Speisestärke mit wenig kaltem Wasser glattrühren, zum Gericht geben und alles kurz aufkochen lassen.

5. Die Hähnchenbrustfilets dazugeben, alles nochmals abschmecken und mit Schnittlauch bestreut servieren.

可口可味.

Shanghai-Hähnchen mit Mandeln

2 Portionen

Vorbereitung: 40 Minuten

Kochzeit: 10 Minuten

350 g Hähnchenbrustfilet

Für die Marinade:

1 Ei

je 1/2 TL Salz, Pfeffer, Zucker, Glutamat

3 TL Speisestärke

60 ml Wasser

2 EL Sojasauce

1/8 l Öl

Außerdem:

40 g Zuckerschoten

40 g rote Paprikaschoten

60 g Bambussprossen

2 Knoblauchzehen

8 EL Öl

1/8 l Geflügelbrühe

1/2 TL Pfeffer

1 EL Salz

2 EL Zucker

1 Prise Glutamat

3 TL Speisestärke

1 EL Sesamöl

80 geschälte, fritierte Mandeln

1. Das Hähnchenfleisch in dünne Scheiben schneiden.

2. Ei, Gewürze, Speisestärke, Wasser, Sojasauce und Öl verrühren. Das Fleisch 30 Minuten in der Marinade ziehen lassen.

3. Die Zuckerschoten entfädeln und schräg halbieren. Die Paprikaschoten putzen und waschen und zusammen mit den Bambussprossen würfeln. Den Knoblauch schälen und fein hacken.

4. Das Öl in einer Pfanne erhitzen und den Knoblauch darin kurz braten. Zuerst die Fleischscheiben dazugeben und unter Rühren kurz braten, anschließend das Gemüse 1 Minute mitbraten.

5. Die Geflügelbrühe angießen und das Gericht mit den Gewürzen abschmecken. Die Speisestärke mit wenig Wasser glattrühren, zum Gericht geben und alles aufkochen lassen.

6. Zuletzt mit dem Sesamöl beträufeln und die einzelnen Portionen mit den fritierten Mandeln bestreuen.

Würzige Hähnchenwürfel

4 Portionen

Vorbereitung: 20 Minuten

Kochzeit: 10 Minuten

- 4 Hähnchenbrustfilets, gewürfelt
- schwarzer Pfeffer, gemahlen
- Salz
- 4 EL Sojasauce
- 40 ml Reiswein
- 1 TL Fünf-Gewürz-Pulver
- 2 Eier
- 2 EL Speisestärke
- 100 g Staudensellerie
- 2 Möhren
- 1 kleine Stange Lauch
- 1 Zwiebel
- 1 Chilischote
- 5 EL Erdnußöl
- 8 Wolkenohrpilze, eingeweicht
- 6 Tomaten, gewürfelt

1. Die Fleischwürfel pfeffern und salzen. Mit der Sojasauce, dem Reiswein und dem Gewürzpulver mischen.
2. Die Eier verquirlen, die Speisestärke unterrühren und mit dem Fleisch mischen.
3. Das Gemüse bei Bedarf putzen, waschen und in Streifen schneiden.
4. Das Erdnußöl erhitzen und das Fleisch darin knusprig braten und herausnehmen. Im verbliebenen Öl anschließend die Gemüsestreifen unter Rühren braten.
5. Das Fleisch zusammen mit den kleingeschnittenen Pilzen und den Tomatenwürfeln zum Gemüse geben und alles kurz erhitzen.
(auf dem Foto: oben)

Süß-saure Hähnchenstreifen

4 Portionen

Vorbereitung: 25 Minuten

Kochzeit: 10 Minuten

- 4 Hähnchenbrustfilets, in Streifen
- schwarzer Pfeffer, gemahlen
- Salz
- 3 EL Sojasauce
- 2 EL Hoisinsauce
- 2 EL Essig
- 2 EL Honig
- 4 EL Tomatenketchup
- 1 TL Fünf-Gewürz-Pulver
- je 2 rote und grüne Paprikaschoten
- 2 Möhren
- 2 Zwiebeln
- 5 EL Erdnußöl
- 1/4 l Gemüsebrühe
- 1 EL Speisestärke

1. Die Fleischstreifen pfeffern und salzen. Mit den Gewürzsaucen, Essig, Honig, Tomatenketchup und Gewürzpulver mischen.
2. Das Gemüse putzen, waschen und in dünne Streifen schneiden.
3. Das Erdnußöl erhitzen, das Fleisch darin unter Rühren braten und herausnehmen. Anschließend das Gemüse dazugeben und unter Rühren braten.
4. Die Gemüsebrühe mit der Speisestärke verrühren, an das Gemüse gießen und alles kurz aufkochen lassen. Das Fleisch dazugeben und kurz erhitzen.
(auf dem Foto: unten)

Hähnchennester mit Mandarinen

4 Portionen

Vorbereitung: 40 Minuten
Marinierzeit: 2 Stunden
Kochzeit: 5 Minuten

4 Hähnchenbrustfilets

Für die Marinade:
2 EL Sojasauce
2 EL Hoisinsauce
2 EL Essig
2 EL Sherry
1 TL Zucker
1/2 TL Glutamat

Außerdem:
100 g Sojabohnenkeimlinge
1 Bund Frühlingszwiebeln
50 g chinesische Pilze, eingeweicht
100 g Mandarinenfilets
Einmachzellophan
6 EL Erdnußöl

1. Das Hähnchenfleisch waschen, trockentupfen und in Würfel schneiden.
2. Würzsaucen, Essig, Sherry, Zucker und Glutamat miteinander verrühren. Das Fleisch mit der Marinade begießen und mindestens 2 Stunden im Kühlschrank ziehen lassen.
3. Die Sojabohnenkeimlinge waschen und verlesen. Die Frühlingszwiebeln putzen, waschen und in dünne Ringe schneiden. Die Pilze abtropfen lassen und in dünne Streifen schneiden. Alles Gemüse miteinander mischen.
4. Anschließend die Mandarinenfilets abtropfen lassen.
5. Das Einmachzellophan in 12 ausreichend große Quadrate schneiden.
6. Die Hähnchenwürfel, das Gemüse und die Mandarinenfilets gleichmäßig darauf verteilen. Das Zellophan zu kleinen Päckchen zusammenschlagen.
7. Das Erdnußöl in einer Pfanne erhitzen, die Päckchen darin bei mäßiger Hitze 5 Minuten braten und sofort servieren.

美味佳希.

Fritierte, gebratene Hähnchenteile

4 Portionen

Vorbereitung: 25 Minuten

Kochzeit: 20 Minuten

1 küchenfertiges Hähnchen (ca. 1,2 kg)
1 Bund Frühlingszwiebeln
20 g Ingwer
5 Chilischoten
2 l Öl zum Fritieren
Für die Sauce:
$^{1}/_{4}$ l Reiswein
3 EL Sojasauce
1 EL schwarzer Pfeffer, gemahlen
$^{1}/_{2}$ TL Salz
2 EL Zucker
1 Prise Glutamat
3 TL Speisestärke
5 EL Sesamöl

1. Das Hähnchen halbieren, jede Hälfte in 5 Teile schneiden.

2. Die Frühlingszwiebeln putzen und waschen, den Ingwer schälen, beides in feine Streifen schneiden. Die Chilischoten grob zerteilen.

3. Das Öl erhitzen und die Hähnchenteile 1 $^{1}/_{2}$ Minuten darin fritieren. Anschliessend das Fleisch in ein Sieb legen und abtropfen lassen.

4. In einer Pfanne erneut 8 Eßlöffel Öl erhitzen und das Gemüse darin unter Rühren braten, bis es Farbe annimmt. Die fritierten Hähnchenteile zum Gemüse geben und unter ständigem Rühren 20 Sekunden braten.

5. Den Reiswein, die Sojasauce und die Gewürze unterrühren. Alles zugedeckt 3 Minuten bei starker Hitze kochen. Das Ganze weitere 15 Minuten bei mäßiger Hitze schmoren.

6. Die Speisestärke mit wenig Wasser glattrühren, zum Gericht geben und aufkochen lassen. Zuletzt das Sesamöl mit der Sauce verrühren.

Geschmorte Poularde mit Melone

4 Portionen

Vorbereitung: 70 Minuten (mit Marinierzeit)

Kochzeit: 80 Minuten

Für die Marinade:
2 Knoblauchzehen
1 TL Salz
3 EL Sojasauce
4 EL Sesamöl
1 EL schwarzer Pfeffer, grobgemahlen
1 TL Ingwer, gerieben

Außerdem:
1 küchenfertige Poularde
2 Möhren
2 Zwiebeln
300 g Melonenfleisch
4 EL Öl
1/8 l Geflügelbrühe
3 EL Essig
2 EL Sojasauce
2 EL Tomatenmark
schwarzer Pfeffer, gemahlen
Salz
1 TL Glutamat

1. Die Knoblauchzehen schälen und mit Salz, Sojasauce, Sesamöl, Pfeffer und Ingwer verrühren.
2. Die Poularde waschen und trockentupfen, innen und außen gleichmäßig mit der Marinade bestreichen und mindestens 1 Stunde ziehen lassen.
3. Inzwischen die Möhren putzen, waschen und in Scheiben schneiden. Die Zwiebeln schälen und vierteln, das Melonenfleisch würfeln.
4. Das Öl erhitzen und die Poularde darin braten, bis sie Farbe annimmt. Mit der Marinade bestreichen und zugedeckt 40 Minuten bei 180 °C schmoren. Während der Garzeit öfter mit der Marinade bestreichen.
5. Anschließend die Möhren und die Zwiebeln dazugeben und 10 Minuten mitschmoren.
6. Die Geflügelbrühe mit Essig, Sojasauce, Tomatenmark und den Gewürzen verrühren und die Poularde damit angießen.
7. Das Gericht weitere 30 Minuten zugedeckt schmoren lassen. Dann die Poularde herausnehmen und im ganzen servieren.

Poularde in Salz gegart

4 Portionen

Vorbereitung: 40 Minuten

Zeit zum Abtrocknen: 12 Stunden

Kochzeit: 90 Minuten

1 küchenfertige Poularde
1/2 Zwiebel
1/2 rote Paprikaschote
1/2 Stange Lauch
50 g Sojabohnenkeimlinge
2 EL Sesamöl
2 Eier
1 TL schwarzer Pfeffer, grobgemahlen
1 Msp. Ingwerpulver
etwa 2 kg Salz

1. Die Poularde abwaschen, trockentupfen und über Nacht abtrocknen lassen.
2. Die Zwiebel schälen. Die Paprikaschote und den Lauch putzen und waschen, alles Gemüse in dünne Streifen schneiden. Die Sojabohnenkeimlinge waschen und verlesen.
3. Das Sesamöl in einer Pfanne erhitzen und die Gemüsestreifen darin kurz braten. Die Sojabohnenkeimlinge unterrühren und kurz mitbraten.
4. Die Eier verquirlen, mit dem Pfeffer und dem Ingwerpulver würzen. Zum Gemüse geben und unter ständigem Rühren stocken lassen.
5. Die Poularde mit der Gemüse-Eier-Mischung füllen und zunähen.
6. Den Topfboden mit etwas Salz bedekken und die Poularde darauflegen. Die Poularde mit dem restlichen Salz bedecken.
7. Das Gericht 1 1/2 Stunden bei 200 °C im Backofen garen. Anschließend das Salz gründlich entfernen und das Gericht sofort servieren.

嘉羞

Poularde im Sagotopf

4 Portionen

Vorbereitung: 10 Minuten

Kochzeit: 30 Minuten

- 1 küchenfertige Poularde
- 3 EL Reiswein
- 50 g Spinat
- 2 TL Salz
- 3 TL Zucker
- 1 Prise Glutamat

1. Die Poularde 2 Minuten in Wasser kochen.

2. Die Poularde anschließend in einen Sago- oder Edelstahltopf legen, 1 $^{1}/_{2}$ Liter frisches Wasser angießen, den Reiswein hinzufügen und alles bei mäßiger Hitze aufkochen lassen. Weitere 30 Minuten bei kleiner Hitze köcheln lassen.

3. Inzwischen den Spinat putzen und am Ende der Garzeit in die Brühe geben. Das Gericht mit Salz, Zucker und Glutamat würzen.

(auf dem Foto: oben)

Hähnchenfleisch mit schwarzen Bohnen

2 Portionen

Vorbereitung: 30 Minuten

Kochzeit: 10 Minuten

- 50 g fermentierte schwarze Bohnen
- 500 g Hähnchenbrustfilet
- 2 Knoblauchzehen
- 10 g Ingwer
- 100 g Chili- oder rote Paprikaschoten
- 6 EL Erdnußöl
- 150 ml Geflügelbrühe
- 2 EL Zucker
- 1 EL Salz
- 1 EL schwarzer Pfeffer, gemahlen
- 1 Prise Glutamat
- 1 EL Speisestärke
- 1 EL Sesamöl

1. Die schwarzen Bohnen etwa 20 Minuten wässern.

2. Inzwischen das Hähnchenfleisch in dünne Scheiben schneiden. Die Knoblauchzehen und den Ingwer schälen und fein hacken. Die Chilischoten in 3 Zentimeter lange Scheiben schneiden.

3. Das Erdnußöl in einer Pfanne erhitzen, den Knoblauch und den Ingwer kurz darin braten. Das Fleisch, die Chilischoten und die schwarzen Bohnen dazugeben und etwa 3 Minuten unter Rühren braten.

4. Die Geflügelbrühe und die Würzzutaten dazugeben. Die Speisestärke mit wenig Wasser glattrühren, zusammen mit dem Sesamöl zum Gericht geben und alles nochmals aufkochen lassen.

(auf dem Foto: unten)

Hähnchenscheiben mit Ananas

4 Portionen

Vorbereitung: 20 Minuten

Kochzeit: 10 Minuten

- je 1 rote und grüne Paprikaschote
- 1 Zwiebel
- 4 Scheiben Ananas
- 4 Hähnchenbrustfilets
- schwarzer Pfeffer, gemahlen
- Salz
- 4 EL Sesamöl

Für die Sauce:

- $^1/_4$ l Geflügelbrühe
- 2 EL Sojasauce
- 2 EL Sojapaste
- 4 EL Essig
- 2 EL Tomatenmark
- einige Tropfen Chiliöl
- 1 TL Glutamat
- 1 EL Speisestärke

1. Die Paprikaschoten putzen und waschen, die Zwiebel schälen. Alles zusammen mit den Ananasscheiben in Würfel schneiden.

2. Das Hähnchenfleisch in dünne Scheiben schneiden, mit Pfeffer und Salz würzen.

3. Das Sesamöl in einer Pfanne erhitzen und die Fleischsscheiben darin scharf braten, dann herausnehmen und warm stellen.

4. Die Gemüse- und Ananaswürfel ins verbliebene Bratfett geben und 5 Minuten unter Rühren braten.

5. Die Geflügelbrühe mit Sojasauce und Sojapaste, Essig, Tomatenmark, Chiliöl und Glutamat glattrühren und an das Gemüse gießen.

6. Die Speisestärke mit wenig Wasser glattrühren, zum Gemüse geben und alles aufkochen lassen.

7. Die Sauce nochmals abschmecken und zu den Fleischscheiben servieren.

Marinierte Ente

4 Portionen	1 küchenfertige Ente (ca. 1,8 kg)
	4 Frühlingszwiebeln
Vorbereitung:	20 g Ingwer
15 Minuten	$^{1}/_{4}$ l Reiswein
Marinierzeit:	10 g Sichuanpfeffer
2 Tage	15 g Sternanis
Kochzeit:	1 EL weißer Pfeffer, gemahlen
100 Minuten	3 TL Salz
	Öl zum Fritieren

TIP *Servieren Sie dazu eine Sauce aus 4 Eßlöffeln Reiswein, 3 Teelöffeln Sesamöl, 3 Eßlöffeln Zucker und 2 Eßlöffeln süßer Sojabohnenpaste.*

1. Mit einem Holzhammer auf das Brustbein der Ente klopfen, damit sie flacher wird.

2. Die Frühlingszwiebeln putzen, unter fließendem Wasser waschen und halbieren. Den Ingwer schälen und mit einem Fleischklopfer zerschlagen.

3. Anschließend den Reiswein mit Sichuanpfeffer, Sternanis, weißem Pfeffer und Salz verrühren und mit dem Gemüse vermischen.

4. Die Ente 2 Tage in der Marinade ziehen lassen.

5. Anschließend die Ente mit allen Zutaten 1 $^{1}/_{2}$ Stunden dämpfen.

6. Das Öl in einer tiefen Pfanne erhitzen, die Ente darin 5 Minuten fritieren und herausnehmen.

7. Das Öl erneut heiß werden lassen und die Ente nochmals fritieren, bis sie hellbraun ist.

食前方丈

Ente in Gewürzsauce (Grundzubereitung)

4 Portionen

Vorbereitung: 30 Minuten

Kochzeit: 60 Minuten

Zeit zum Abkühlen: 2 Stunden

1 küchenfertige Ente (ca. 1,8 kg)
150 g Ingwer
5 rote Chilischoten
100 g Frühlingszwiebeln
500 ml Sojasauce
100 ml Reiswein
4 EL Sesamöl
100 g Gewürzmischung
1 EL Fünf-Gewürz-Pulver
6 EL Zucker
4 EL Salz
3 EL Pfeffer
1 EL Glutamat

1. Die Ente unter fließendem Wasser waschen. Den Hals und den Schwanz abschneiden, die Ente anschließend in ausreichend kochendes Wasser legen und 10 Minuten kochen.

2. Inzwischen den Ingwer schälen und in Scheiben schneiden. Die Chilischoten in 3 Zentimeter große Stücke schneiden. Die Frühlingszwiebeln putzen, waschen und halbieren.

3. Das vorbereitete Gemüse zusammen mit Sojasauce, Reiswein, Sesamöl, Gewürzmischung, Gewürzpulver, Zucker, Salz, Pfeffer, Glutamat sowie 3 $^1/_2$ Liter Wasser in einem großen Topf aufkochen.

4. Die Ente hineinlegen und 30 Minuten kochen. Anschließend wenden und weitere 20 Minuten kochen.

5. Die Ente herausnehmen und 2 Stunden abkühlen lassen. Erst jetzt kann die Ente weiterverarbeitet werden (siehe Rezepte „Ente in Gewürzsauce mit Ananas“ und „Scharfe Ente mit Frühlingszwiebeln“ Seiten 148 und 156).

Ente mit schwarzen Bohnen

4 Portionen

Vorbereitung:
20 Minuten

Kochzeit:
190 Minuten

3 EL fermentierte schwarze Bohnen
40 g chinesische Blumenpilze, getrocknet
30 g Bambussprossen
1 küchenfertige Ente (ca. 1,8 kg)
3 EL Sojasauce
2 EL Kao-Liang-Schnaps
1 TL Salz
3 Schalotten
5 EL Sesamöl

1. Die Bohnen 20 Minuten in kaltem, die Blumenpilze 20 Minuten in warmem Wasser einweichen. Dann die Pilze abtropfen lassen und zusammen mit den Bambussprossen in Streifen schneiden.
2. Die Ente 2 Minuten in Wasser kochen.
3. Bohnen, Pilze, Sojasauce, Kao-Liang-Schnaps, Salz und 1/4 Liter Wasser verrühren. Die Ente über dieser Mischung etwa 3 Stunden bei mäßiger Hitze dämpfen.
4. Anschließend die Schalotten schälen, in hauchdünne Scheiben schneiden und in heißem Sesamöl kurz anbraten. Den Dämpfsud angießen und 2 Minuten bei mäßiger Hitze unter Rühren kochen.
5. Die Sauce über die Ente gießen und servieren.
(auf dem Foto: oben)

Ente in Gewürzsauce mit Ananas

4 Portionen

Vorbereitung:
30 Minuten

Grundzubereitung Ente in Gewürzsauce:
3 1/2 Stunden

1 Ente in Gewürzsauce (Rezept S. 146)
4 Blätter Eisbergsalat
2 Scheiben Ananas
8 EL Geflügelbrühe
6 EL Wasser
5 EL Essig
3 EL Zucker
4 EL Tomatenketchup
2 EL Speisestärke
Öl zum Fritieren

1. Die Salatblätter waschen und auf den Tellerrand legen, die Ananas in der Mitte anrichten.
2. Geflügelbrühe, Wasser, Essig, Zucker und Tomatenketchup gut verrühren und 2 Minuten aufkochen lassen. Die Speisestärke unterrühren und nochmals aufkochen lassen.
3. Die Ente in große Stücke schneiden, fritieren, auf der Ananas verteilen und mit der Sauce begießen.
(auf dem Foto: unten)

Pekingente mit Fladen

4 Portionen

Vorbereitung: 30 Minuten

Zeit zum Trocknen: 1 Tag

Kochzeit: 2 Stunden

1 küchenfertige, gut gemästete Ente
$^1/_8$ l Sherry
$^1/_2$ TL Ingwer, gerieben
3 EL Honig
1 EL Salz

Für die Fladen:
300 g Mehl
$^1/_4$ l kochendes Wasser
2 EL Sesamöl

Außerdem:
Hoisinsauce
Pflaumensauce
Gurkenstreifen
Frühlingszwiebeln

1. Die Ente in kochendem Wasser 5 Sekunden blanchieren. Herausnehmen, trockentupfen und über Nacht trocknen lassen.
2. Für die Glasur den Sherry mit dem Ingwer, dem Honig und dem Salz verrühren. Die Ente damit gleichmäßig innen und außen bestreichen und nochmals 5 Stunden zum Trocknen aufhängen.
3. Die Ente auf den Rost legen und bei 200 °C 1 $^1/_2$ bis 2 Stunden braten.
4. Inzwischen das Mehl mit dem kochenden Wasser zu einem glatten Teig verarbeiten. Den Teig 10 Minuten kneten und anschließend mindestens 30 Minuten ruhen lassen.
5. Den Teig nochmals durchkneten, anschließend zu einer 5 Zentimeter dicken Rolle formen und davon 1 Zentimeter dicke Scheiben abschneiden.
6. Diese mit Sesamöl bestreichen, jeweils 2 Scheiben aufeinander legen und auf 15 Zentimeter Durchmesser ausrollen.
7. Die Fladen portionweise ohne Öl auf beiden Seiten backen und anschließend wieder auseinanderziehen.
8. Die Fladen mit den Saucen bestreichen, mit dem Entenfleisch, der Kruste und den Gemüsestreifen füllen.

Gebratene Entenwürfel mit Früchten

4 Portionen

Vorbereitung: 25 Minuten

Kochzeit: 10 Minuten

500 g Entenfleisch, gebraten
1 Stück Staudensellerie
1 Zwiebel
100 g Melonenfleisch
2 Scheiben Ananas
50 g Litschis
3 EL Sesamöl

Für die Sauce:
$^{1}/_{8}$ l Geflügelbrühe
60 ml Essig
2 EL Sojasauce
2 EL Hoisinsauce
2 EL Tomatenmark
1 TL Zucker
schwarzer Pfeffer, gemahlen
Salz
1 EL Speisestärke

1. Das gebratene Entenfleisch würfeln.

2. Den Staudensellerie putzen und waschen, die Zwiebel schälen, beides würfeln.

3. Das Melonenfleisch und die Ananasscheiben würfeln, die Litschis aus der Schale brechen, Dosenware abtropfen lassen.

4. Das Sesamöl in einer Pfanne erhitzen und die Fleischwürfel darin unter Rühren braten, bis sie Farbe annehmen. Herausnehmen und warm stellen.

5. Anschließend die Gemüsewürfel im verbliebenen Öl braten. Melonenfleisch, Ananas und Litschis dazugeben und kurz mitbraten.

6. Die Geflügelbrühe angießen und das Gericht mit den Würzsaucen, Essig, Tomatenmark, Zucker, Pfeffer und Salz abschmecken und mit der in kaltem Wasser angerührten Speisestärke binden, alles kurz aufkochen lassen.

7. Die Fleischwürfel dazugeben, kurz in der Gemüse-Obst-Mischung erwärmen und servieren.

Gekochte und gebratene Ente

4 Portionen

Vorbereitung: 10 Minuten

Kochzeit: 80 Minuten

- 1 küchenfertige Ente (ca. 2 kg)
- 20 g Ingwer
- 1 Knoblauchzehe
- 150 g Sojabohnenkeimlinge
- 6 EL Öl
- 3 EL süße Bohnen- oder Sojasauce
- 1 EL Sambal oelek

Für die Sauce:

- 1/8 l Geflügelbrühe
- 3 EL Zucker
- 1 TL Pfeffer
- 1 Prise Glutamat
- 1 EL Speisestärke
- 2 EL Sesamöl

1. Die Ente 40 Minuten in Wasser kochen, wenden und weitere 30 Minuten kochen. Das Fleisch anschließend vom Knochen lösen und in Streifen schneiden.

2. Den Ingwer und den Knoblauch schälen und fein hacken. Die Sojabohnenkeimlinge waschen und verlesen.

3. Das Öl in einer Pfanne erhitzen und den Ingwer und den Knoblauch unter Rühren kurz darin braten.

4. Das Entenfleisch, die süße Bohnensauce und den Sambal dazugeben und kurz mitbraten.

5. Die Geflügelbrühe angießen und das Gericht mit Zucker, Pfeffer und Glutamat würzen.

6. Die Speisestärke mit wenig Wasser glattrühren, zusammen mit den Sojabohnenkeimlingen und dem Sesamöl zum Gericht geben und alles nochmals kurz aufkochen lassen.

不到長城非好漢
不吃烤鴨眞遺憾

Scharfe Ente mit Frühlingszwiebeln

4 Portionen

Vorbereitung: 25 Minuten

Grundzubereitung Ente in Gewürzsauce: 3 1/2 Stunden

1 Ente in Gewürzsauce (Rezept S. 146)
200 g Frühlingszwiebeln
10 g Ingwer
2 Knoblauchzehen
2 rote Chilischoten
10 EL Öl
Für die Sauce:
120 ml Gewürzsauce (von der Grundzubereitung)
120 ml Geflügelbrühe
2 EL Sojasauce
2 EL Reiswein
2 EL schwarzer Pfeffer, gemahlen
2 EL Zucker
1 Prise Glutamat
3 TL Speisestärke
1 EL Sesamöl

1. Das Entenfleisch vom Knochen lösen und in 3 Zentimeter große Stücke schneiden.
2. Die Frühlingszwiebeln putzen, waschen und in 4 Zentimeter lange Stücke schneiden. Den Ingwer und die Knoblauchzehen schälen und fein hacken. Die Chilischoten fein hacken.
3. Das Öl erhitzen, den Ingwer, den Knoblauch und die Chilischoten darin unter Rühren kurz braten. Die Frühlingszwiebeln und das Entenfleisch dazugeben und nochmals 1 Minute braten.
4. Die Gewürzsauce, die Brühe, die Sojasauce, den Reiswein und die Gewürze dazugeben.
5. Die Speisestärke mit wenig Wasser glattrühren, zum Gericht geben und alles aufkochen lassen. Das Ganze mit dem Sesamöl aromatisieren.

好吃,很好吃.

正広作
ステンレス
日本製

Entenstücke mit grünen Bohnen

4 Portionen

Vorbereitung: 20 Minuten

Kochzeit: 100 Minuten

1 küchenfertige Ente
2 Knoblauchzehen
1 Zwiebel
4 EL Erdnußöl
1 EL Ingwer, gerieben

Für die Sauce:
1/4 l Geflügelbrühe
1/8 l Reiswein oder Sherry
1/8 l Sojasauce
1/8 l Tomatenketchup
60 ml Essig

Außerdem:
400 g grüne Bohnen
schwarzer Pfeffer, gemahlen
einige Tropfen Chiliöl
1 Prise Glutamat
2 EL Speisestärke

1. Die Ente halbieren, jede Hälfte in 4 bis 5 Stücke zerteilen.

2. Die Knoblauchzehen und die Zwiebel schälen und würfeln.

3. Das Erdnußöl erhitzen und dieEntenteile darin braten. Den Knoblauch, die Zwiebel und den Ingwer dazugeben und kurz mitbraten.

3. Die Geflügelbrühe mit dem Reiswein oder Sherry, der Sojasauce, dem Tomatenketchup und dem Essig verrühren und ebenfalls zum Fleisch dazugeben. Das Ganze bei mäßiger Hitze 100 Minuten schmoren.

4. Die Bohnen putzen und entfädeln und 15 Minuten vor dem Ende der Garzeit unter die Entenstücke mischen.

5. Das Gericht anschließend mit den Gewürzen abschmecken und mit der Speisestärke binden.

同坐同食

Gekochte Ente mit Kohl

4 Portionen

Vorbereitung: 20 Minuten

Kochzeit: ca. 2 Stunden

1 küchenfertige Ente (ca. 1,5 kg)
Salz

Für den Sud:
2 l Gemüsebrühe
300 ml Reiswein
150 ml Essig
150 ml Sojasauce
4 EL Hoisinsauce
2 Chilischoten
1 EL Ingwer, gerieben
1 EL Salz
1 EL Zucker

Außerdem:
500 g Chinakohl
500 g Weißkohl
1 Bund Frühlingszwiebeln
1 TL Fünf-Gewürz-Pulver
je 1 Prise Anis- und Korinanderpulver
schwarzer Pfeffer, gemahlen
1 Bund Koriander

1. Die Ente 5 Minuten in Salzwasser kochen. Herausnehmen, abwaschen und gut abtropfen lassen.
2. Die Gemüsebrühe, den Reiswein, den Essig und die Gewürzsaucen aufkochen lassen.
3. Die Chilischoten fein hacken. Zusammen mit dem Ingwer, dem Salz und dem Zucker dazugeben und alles erneut aufkochen lassen.
4. Die Ente in dieser Mischung 2 Stunden bei mäßiger Hitze köcheln lassen.
5. Inzwischen das Gemüse putzen und waschen. Den China- und den Weißkohl in 3 Zentimeter große Würfel, die Frühlingszwiebeln in 2 Zentimeter große Stücke schneiden.
6. Das Gemüse etwa 30 Minuten vor dem Ende der Garzeit zur Ente geben.
7. Das Gericht mit Gewürzpulver, Anis- und Korianderpulver und Pfeffer kräftig abschmecken.
8. Das Entenfleisch in Scheiben schneiden, auf dem Gemüse anrichten und mit dem Koriandergrün bestreuen.

Putenbrust-Gemüse-Pfanne

4 Portionen

Vorbereitung: 20 Minuten

Kochzeit: 10 Minuten

- 8 Wolkenohrpilze, getrocknet
- 500 g Putenbrustfilet
- 50 Speisestärke
- 1 TL schwarzer Pfeffer, grobgemahlen
- 1 TL Fünf-Gewürz-Pulver
- 4 EL Erdnußöl
- 3 Knoblauchzehen
- 2 Chilischoten
- 1 Bund Frühlingszwiebeln
- 1 EL Ingwer, gerieben
- 1/4 l Geflügelbrühe
- 150 ml Reiswein
- 3 EL Sojasauce
- 1 EL Speisestärke

1. Die Pilze 20 Minuten in warmem Wasser einweichen, anschließend abtropfen lassen und in Streifen schneiden.

2. Das Fleisch würfeln. Die Speisestärke mit dem Pfeffer und dem Gewürzpulver mischen und das Fleisch darin wenden.

3. Das Erdnußöl in einer Pfanne erhitzen und die Fleischwürfel darin unter Rühren braten, herausnehmen und beiseite stellen.

4. Die Knoblauchzehen schälen und zusammen mit den Chilischoten fein hacken. Die Frühlingszwiebeln putzen, waschen und in kleine Stücke schneiden.

5. Das Gemüse zusammen mit dem Ingwer ins verbliebene Öl geben und unter Rühren braten.

6. Die Geflügelbrühe, den Reiswein und die Sojasauce angießen. Die Speisestärke mit wenig Wasser glattrühren und zusammen mit den Fleischwürfeln zum Gericht geben. Alles nochmals kurz aufkochen lassen.

請用

Geräucherte, gebratene Putenbrust

4 Portionen

Vorbereitung: 20 Minuten

Kochzeit: 10 Minuten

400 g Putenbrust, geräuchert
1 mittelgroßer Chinakohl
je 1 rote und grüne Paprikaschote
1 Zwiebel
4 chinesische Pilze, eingeweicht
4 EL Erdnußöl

Für die Sauce:

1/8 l Geflügelbrühe
60 ml Essig
2 EL Sojasauce
1 EL Hoisinsauce
2 EL Tomatenmark
schwarzer Pfeffer, gemahlen
Salz
1 Prise Glutamat
Chilisauce nach Geschmack
1 TL Speisestärke

1. Die Putenbrust in schmale Streifen schneiden.
2. Den Chinakohl und die Paprikaschoten putzen und waschen, die Zwiebel schälen. Alles Gemüse und die eingeweichten Pilze anschließend ebenfalls in Streifen schneiden.
3. Das Erdnußöl in einer Pfanne erhitzen. Den Chinakohl darin unter Rühren braten, herausnehmen und warm stellen.
4. Die Putenbrust und das restliche Gemüse im verbliebenen Öl unter Rühren braten.
5. Die Geflügelbrühe, den Essig und die Würzsaucen angießen. Den Chinakohl dazugeben und das Gericht mit den Gewürzen abschmecken.
6. Die Speisestärke mit etwas Wasser glattrühren, zum Gericht geben und dieses vor dem Servieren nochmals kurz aufkochen lassen.

舉世無雙

Scharfe Gänsemägen

4 Portionen

Vorbereitung: 15 Minuten

Kochzeit: 15 Minuten

450 g Gänse- oder Entenmägen
80 g Ingwer
2 rote Chilischoten
20 g Lauch
1 l Öl zum Fritieren

Für die Sauce:
1 EL süße Bohnensauce oder Sojasauce
2 EL Reiswein
3 TL Tomatenketchup
1 1/2 TL Salz
3 TL Zucker
1 EL Speisestärke

1. Die zähe äußere Haut der Gänsemägen dünn abschneiden. Die Mägen anschliessend rautenförmig einschneiden, große Mägen einmal durchschneiden.
2. Den Ingwer schälen und in Scheiben schneiden. Die Chilischoten und den Lauch putzen und waschen und in breite Streifen schneiden.
3. Die Gänsemägen in heißem Öl etwa 1 1/2 Minuten fritieren, herausnehmen und warm stellen.
4. Erneut 8 Eßlöffel Öl in einer Pfanne erhitzen und das Gemüse darin unter Rühren braten, die fritierten Mägen dazugeben und kräftig mitbraten.
5. Die Bohnensauce mit dem Reiswein, dem Tomatenketchup, dem Salz und dem Zucker verrühren und zu den Mägen geben.
6. Die Speisestärke mit etwas kaltem Wasser glattrühren, zum Gericht geben und alles unter Rühren nochmals aufkochen lassen.

嘉羞

Fritierte Tauben

4 Portionen

Vorbereitung:
10 Minuten

Kochzeit:
30 Minuten

4 Tauben
1 l Öl zum Fritieren
8 EL scharfe Sojasauce
20 g Frühlingszwiebeln
1 EL Zucker
1 TL weißer Pfeffer, gemahlen
dekorative Salatblätter

1. Die Tauben in einen Topf mit ausreichend heißem Wasser legen und darin 2 Minuten kochen. Anschließend das Wasser abgießen. Die Tauben weitere 15 Minuten in frischem Wasser kochen.

2. Die Tauben gut abtropfen lassen und anschließend in heißem Öl 2 bis 4 Minuten fritieren, herausnehmen und beiseite stellen.

3. Die Frühlingszwiebeln putzen, waschen und kleinschneiden.

4. Erneut 6 Eßlöffel Öl in einer Pfanne erhitzen, die Sojasauce und die fritierten Tauben portionsweise hineingeben. Die kleingeschnittenen Frühlingszwiebeln kurz mitbraten.

5. Das Gericht mit dem Zucker und dem Pfeffer abschmecken. Die Sauce so lange schmoren, bis sie leicht eingedickt ist.

6. Die gewaschenen Salatblätter auf einem Teller dekorativ verteilen und die Tauben darauf anrichten.

飯後走百步
強於開樂鋪

Gerichte mit Fisch und Meeresfrüchten

Fisch rangiert in China noch weit vor Fleisch und Geflügel. Wenn man bedenkt, daß in diesem Land bereits seit mehr als 3000 Jahren Karpfen gezüchtet werden, ist es nicht verwunderlich, daß die chinesischen Fischköche zu den besten der Welt zählen. Sie beherrschen mehr als 100 Zubereitungsarten, einen Fisch zu dämpfen; andere Garmethoden werden ebenso vollendet angewandt. Um auch als Hobbykoch optimale Ergebnisse zu erreichen, sollte man stets möglichst frischen Fisch verwenden und die Garzeiten keinesfalls überschreiten. Der Fisch bleibt auf diese Weise saftig, die Inhaltsstoffe gehen nicht verloren und das Aroma bleibt erhalten.

Süß-saures Fischfilet

4 Portionen

Vorbereitung: 25 Minuten

Kochzeit: 15 Minuten

- 500 g Fischfilet (Kabeljau, Scholle oder Goldbarsch)
- 1 Zwiebel
- 2 Knoblauchzehen
- 10 g Ingwer
- 2 EL Öl
- 1 TL Sambal oelek
- 1/2 TL schwarzer Pfeffer, gemahlen
- 1/2 TL Muskatnuß, gemahlen
- 3 EL Essig
- 2 EL Sojasauce
- 1 EL Honig

1. Die Fischfilets waschen und trockentupfen.

2. Die Zwiebel und die Knoblauchzehen schälen und fein würfeln. Den Ingwer schälen und fein reiben.

3. Das Öl in einer Pfanne erhitzen. Die vorbereiteten Zutaten zusammen mit dem Sambal unter Rühren goldbraun braten. Den Pfeffer und die Muskatnuß unterrühren.

4. Die Fischfilets dazugeben und von jeder Seite 3 Minuten braten. Den Essig, die Sojasauce und den Honig dazugeben und das Gericht abgedeckt etwa 10 Minuten köcheln lassen.

5. Etwas Wasser angießen, falls die Sauce zu sehr eingekocht ist. Das Gericht mit Reis servieren.

民以食為天.

Marinierter, gebratener Fisch

4 Portionen

Vorbereitung: 20 Minuten
Marinierzeit: 4 Stunden
Kochzeit: 20 Minuten

800 g Fischfilet

Für die Marinade:
1 Knoblauchzehe
1 Scheibe Ingwer
5 EL Reiswein
5 EL Sojasauce
1 TL schwarzer Pfeffer, grobgemahlen
Salz

Außerdem:
1/4 l Gemüsebrühe
3 EL Essig
1 EL Austernsauce
2 EL Honig
1/2 TL Fünf-Gewürz-Pulver
150 ml Erdnußöl
Zitronensaft
1/2 Bund Schnittlauch

TIP *Für dieses Gericht eignen sich alle Fischsorten mit einem weißen festen Fleisch.*

1. Den Fisch waschen, trockentupfen und in Streifen schneiden.
2. Den Knoblauch und den Ingwer schälen und fein hacken. Mit dem Reiswein, der Sojasauce, dem Pfeffer und dem Salz verrühren. Den Fisch mit der Marinade begießen und 4 Stunden im Kühlschrank ziehen lassen.
3. Die Fischstreifen anschließend herausnehmen und gut abtropfen lassen. Die Marinade zusammen mit der Gemüsebrühe, dem Essig, der Austernsauce, dem Honig und dem Gewürzpulver aufkochen lassen.
4. Die Fischstreifen dazugeben und 10 Minuten ziehen lassen. Anschließend herausnehmen und wiederum gut abtropfen lassen.
5. Das Erdnußöl in einer Pfanne erhitzen. Die Fischstreifen darin vorsichtig unter Rühren braten, salzen und pfeffern.
6. Den Fisch auf einem Teller anrichten, mit Zitronensaft beträufeln und mit dem in Röllchen geschnittenen Schnittlauch bestreuen.

請用

Gedämpftes Schollenfilet

4 Portionen

Vorbereitung: 30 Minuten
Kochzeit: 30 Minuten

500 g Schollenfilet

Für das Püree:
1 kleine Zwiebel
3 Knoblauchzehen
2 Chilischoten, getrocknet
$^1/_2$ TL Zitronenschale, feingehackt
$^1/_4$ TL schwarzer Pfeffer, gemahlen
$^1/_4$ TL Kurkumapulver
1 TL Salz
2 EL Fischsauce

Außerdem:
1 Ei
$^1/_2$ l Fischfond oder Geflügelbrühe
1 großes Blatt Chinakohl
3 EL Frühlingszwiebeln
2 EL Korianderblätter

1. Die Schollenfilets waschen, trockentupfen und würfeln.
2. Die Zwiebel und den Knoblauch schälen und grob hacken. Zusammen mit den Chilischoten, der Zitronenschale, dem Pfeffer, dem Kurkumapulver, dem Salz und der Fischsauce in den Mixer geben und zu einer geschmeidigen Masse verarbeiten.
3. Das Ei verquirlen. Zusammen mit der Hälfte des Fischfonds und dem Püree zu den Fischwürfeln geben. Alles so lange vorsichtig mischen, bis die Fischwürfel fast die gesamte Flüssigkeit aufgenommen haben.
4. Das Chinakohlblatt in den Siebeinsatz des Dampftopfes geben. Die Fischmischung daraufgeben und mit dem restlichen Fischfond beträufeln.
5. Die Frühlingszwiebeln und die Korianderblätter fein hacken und darübergeben. Das Ganze zugedeckt noch etwa 30 Minuten dämpfen und servieren.

食前方丈

Marinierter, gegrillter Thunfisch

4 Portionen

Vorbereitung: 40 Minuten

Kochzeit: 15 Minuten

4 Thunfischsteaks
2 Scheiben Ingwer
4 EL Sojasauce
4 EL Reiswein oder trockener Sherry
1 EL brauner Zucker

TIP *Verrühren Sie je 3 Eßlöffel Essig und Zucker sowie je 1 Teelöffel Sojasauce und Salz. Reichen Sie diesen Dip zusammen mit streifig geschnittenen Gurken und Frühlingszwiebeln zum Grillfisch.*

1. Die Fischsteaks waschen und trockentupfen.

2. Den Ingwer schälen und fein reiben. Mit der Sojasauce, dem Reiswein oder Sherry und dem Zucker zu einer Marinade verrühren.

3. Den Fisch in die Marinade legen und an einem kühlen Ort 30 Minuten darin ziehen lassen.

4. Die Thunfischsteaks herausnehmen, gut abtropfen lassen und von jeder Seite etwa 7 Minuten lang grillen. Den Fisch dabei mehrmals mit der Marinade bestreichen.

絕無僅有.

Gefüllte Fischrouladen

4 Portionen

Vorbereitung: 40 Minuten

Kochzeit: 30 Minuten

600 g Fischfilet
Saft von 1 Zitrone
2 EL Sojasauce
2 EL Austernsauce
1 EL Pflaumensauce
3 EL Reiswein oder Sherry
Sichuanpfeffer, Salz
5 g chinesische Pilze, getrocknet
100 g grüne Erbsen (TK-Produkt)
100 g Sojabohnenkeimlinge
50 g Walnüsse, gehackt
1 Ei
2 EL Speisestärke
1 kleiner Kopf Chinakohl
Essigwasser

1. Die Fischfilets würfeln. Den Zitronensaft, die Gewürzsaucen, den Reiswein und die Gewürze zu einer Marinade verrühren, über den Fisch gießen, alles mindestens 30 Minuten ziehen lassen.
2. Die Pilze 20 Minuten einweichen und anschließend in Streifen schneiden. Mit dem restlichen Gemüse, den Nüssen, dem Ei und der Speisestärke mischen und kräftig abschmecken.
3. Je 3 blanchierte Chinakohlblätter übereinanderlegen, etwas Fischmasse darauflegen und zusammenrollen.
4. Die Rouladen über Essigwasser 25 bis 30 Minuten dämpfen.
(auf dem Foto: oben)

Gedämpfte Seelachszöpfe

4 Portionen

Vorbereitung: 40 Minuten

Kochzeit: ca. 25 Minuten

600 g Seelachsfilet
Salz
Saft von 2 Zitronen
1 EL Fünf-Gewürz-Pulver
4 EL Sojasauce
2 EL Austernsauce
1 EL Honig
je 1 TL Sichuanpfeffer und Anis, geschrotet
4 EL Schnittlauchröllchen
10 Sauerampferblätter
Essigwasser

1. Die Fischfilets in lange, dünne Streifen schneiden und zu Zöpfen flechten. Das Salz, den Zitronensaft und das Gewürzpulver verrühren und den Fisch damit beträufeln.
2. Aus Gewürzsaucen, Honig, Sichuanpfeffer, Anis und Schnittlauch eine Marinade rühren, die Zöpfe damit bestreichen und mindestens 30 Minuten ziehen lassen.
3. Die Zöpfe auf die Sauerampferblätter legen und 25 Minuten über Essigwasser dämpfen.
(auf dem Foto: unten)

Marinierter Fisch mit Früchtesauce

4 Portionen

Vorbereitung: 40 Minuten

Kochzeit: 15 Minuten

800 g Kabeljaufilet
1/2 TL Salz

Für die Marinade:
1/8 l Weißwein
3 EL Essig
2 EL Sojasauce
3 EL Hoisinsauce
1 EL brauner Zucker
1 Msp. Ingwerpulver

Für die Sauce:
1 Bund Frühlingszwiebeln
2 EL Erdnußöl
100 g Ananaswürfel
1 kleine Dose Mandarinen
1/4 l Geflügelbrühe
1 EL Speisestärke
1 EL Glutamat
Pfeffer, Salz

Außerdem:
1 Ei
2 EL Speisestärke
Öl zum Ausbacken

1. Die Fischfilets sorgfältig waschen und gründlich trockentupfen, anschließend würfeln und salzen.
2. Die Zutaten für die Marinade verrühren und die Fischstücke darin mindestens 30 Minuten ziehen lassen.
3. Inzwischen die Frühlingszwiebeln putzen, waschen und in kleine Stücke schneiden.
4. Das Erdnußöl in einer Pfanne erhitzen und die Zwiebelstücke darin kurz anbraten. Die Ananaswürfel und die abgetropfen Mandarinen dazugeben und kurz mitbraten.
5. Die Geflügelbrühe angießen. Die Speisestärke mit etwas Wasser glattrühren, zum Gericht geben und alles aufkochen lassen. Anschließend mit den Gewürzen abschmecken.
6. Die Marinade dazugeben. Die Fischstücke trockentupfen und in dem verquirlten Ei wenden, anschließend mit der Speisestärke bestäuben.
7. Die panierten Fischstücke in heißem Öl ausbacken. Anschließend auf einem Teller anrichten, mit der Sauce überziehen und servieren.

Fritierter Fisch mit Chinakohl

4 Portionen

Vorbereitung: 30 Minuten

Kochzeit: 15 Minuten

- 500 g Fischfilets (Scholle, Kabeljau oder Goldbarsch)
- 300 g Chinakohl
- 5 Frühlingszwiebeln
- 1 Knoblauchzehe
- 1 Scheibe Ingwer
- 1 Eiweiß
- 1 TL Salz
- $^1/_2$ TL Fünf-Gewürz-Pulver
- 3 TL Speisestärke
- 6 EL Erdnußöl
- 1 EL Sojasauce
- 1 EL Austernsauce

1. Die Fischfilets waschen, trockentupfen und würfeln.

2. Den Chinakohl putzen, waschen und in feine Streifen schneiden. Die Frühlingszwiebeln putzen, waschen und in feine Röllchen schneiden. Den Knoblauch und den Ingwer schälen und feinhacken.

3. Den Fisch zunächst in dem Eiweiß und anschließend in einer Mischung aus dem Salz, dem Gewürzpulver und 2 Teelöffeln Speisestärke wenden.

4. Das Erdnußöl in einer hohen Pfanne erhitzen und den Fisch darin goldbraun fritieren, abtropfen lassen und warm stellen.

5. Das Öl bis auf 1 Eßlöffel abgießen und den Chinakohl, den Knoblauch und den Ingwer darin unter Rühren braten. Die Frühlingszwiebeln dazugeben und etwa 1 Minute mitbraten.

6. Die Würzsaucen und 80 Milliliter Wasser angießen und alles aufkochen lassen. 1 Teelöffel Speisestärke mit etwas kaltem Wasser glattrühren, dazugeben und alles unter Rühren nochmals kurz aufkochen lassen.

7. Das Gemüse auf einem Teller verteilen, die Fischwürfel darauf anrichten und servieren.

Fritierte Fischfilets

4 Portionen	500 g Fischfilets (Scholle, Kabeljau oder Goldbarsch)
	6 EL Weizenmehl
Vorbereitung:	1 1/2 TL Salz
10 Minuten	1 TL Fünf-Gewürz-Pulver
Kochzeit:	1/2 TL Kurkumapulver
5 Minuten	1 Ei
	Öl zum Fritieren

1. Die Fischfilets waschen und trockentupfen.

2. Das Mehl mit dem Salz, dem Gewürzpulver und dem Kurkumapulver mischen. Das Ei verquirlen.

3. Den Fisch zunächst in dem Ei und anschließend in der Mehl-Gewürz-Mischung wenden.

4. Das Öl in einer Pfanne stark erhitzen und die Fischfilets darin zügig goldbraun fritieren.

5. Den Fisch auf Küchenkrepp abtropfen lassen und gleich darauf mit Reis und Salat servieren.

十日之飲

Kantonesischer Fisch mit Morcheln

4 Portionen

Vorbereitung: 30 Minuten

Kochzeit: 10 Minuten

500 g Fischfilet (Lachs, Makrele oder Rotbarsch)
20 g Morcheln, getrocknet
100 g Bambussprossen
4 Frühlingszwiebeln
2 Knoblauchzehen

Für die Panade:

1 Eiweiß
1 TL Salz
$^{1}/_{2}$ TL Fünf-Gewürz-Pulver
3 TL Speisestärke

Außerdem:

Öl zum Fritieren und Braten
$^{1}/_{4}$ l Geflügelbrühe
2 EL Reiswein
2 EL Sojasauce
3 TL Zucker
1 TL Pfeffer, gemahlen
1 $^{1}/_{2}$ TL Salz
1 Prise Glutamat
2 EL Speisestärke

1. Die Fischfilets waschen, trockentupfen und würfeln.

2. Die Morcheln in warmem Wasser 20 Minuten einweichen, anschließend abtropfen lassen und in kleine Scheiben schneiden.

3. Die Bambussprossen abtropfen lassen und in Scheiben schneiden. Die Frühlingszwiebeln putzen, waschen und in Stücke schneiden, den Knoblauch schälen und fein hacken.

4. Die Fischwürfel zunächst in dem Eiweiß und anschließend in einer Mischung aus dem Salz, dem Gewürzpulver und der Speisestärke wenden.

5. Das Öl in einer hohen Pfanne erhitzen und den Fisch darin goldbraun fritieren, abtropfen lassen und warm stellen.

6. Erneut 6 Eßlöffel Öl erhitzen und den Knoblauch darin kurz unter Rühren braten, das Gemüse dazugeben und kurz mitbraten.

7. Die Geflügelbrühe, den Reiswein und die Sojasauce angießen und das Gericht mit den Gewürzen abschmecken.

8. Die Speisestärke mit etwas Wasser glattrühren, zum Gericht geben und alles aufkochen lassen. Den Fisch kurz in der Sauce erhitzen.

Scharfer, fritierter Karpfen

4 Portionen

Vorbereitung: 20 Minuten

Kochzeit: 15 Minuten

50 g rote Chilischoten
20 g Ingwer
4 Knoblauchzehen
1 kleine Stange Lauch
1 Stück küchenfertiger Karpfen (ca. 800 g)
1 l Öl zum Fritieren

Für die Sauce:

$^1/_8$ l Sojasauce
8 EL Reiswein
8 EL Essig
3 EL Chiliöl
3 EL Zucker
1 Prise Glutamat
2 EL Sesamöl

TIP *Sie können das Gericht auch mit Kabeljau oder Goldbarsch zubereiten.*

1. Die Chilischoten waschen, den Ingwer und den Knoblauch schälen. Alles anschließend sehr fein hacken. Den Lauch putzen, waschen und in kleine Stücke schneiden.

2. Den Fisch waschen und trockentupfen. Anschließend in heißem Öl goldbraun fritieren, dann herausnehmen und warm stellen.

3. Die Chilischoten, den Ingwer und den Knoblauch in heißem Öl unter Rühren kurz braten.

4. Anschließend die Sojasauce, den Reiswein, den Essig, das Chiliöl, den Zucker und das Glutamat dazugeben und alles aufkochen lassen.

5. Den Fisch in der heißen Sauce erhitzen. Das Gericht mit den kleinen Lauchstücken bestreuen und mit dem Sesamöl beträufeln.

垂涎欲滴.

Gedämpfter Aal

4 Portionen

Vorbereitung: 30 Minuten

Kochzeit: 40 Minuten

1 küchenfertiger Aal (ca. 600 g)
15 g chinesische Blumenpilze, getrocknet
100 g Bambussprossen
2 Frühlingszwiebeln
10 g Ingwer
1 1/2 l Öl zum Fritieren
150 g Eßkastanien (aus der Dose)

Für die Sauce:

1/4 l Geflügelbrühe
4 EL Reiswein
3 EL Sojasauce
6 EL Schweineschmalz
2 EL Zucker
1 EL Salz
1 Prise Glutamat
1 EL Speisestärke

1. Den Fischkopf und den Fischschwanz abschneiden, den Aal häuten und in 4 Zentimeter lange Stücke schneiden.

2. Die Pilze etwa 20 Minuten in warmem Wasser einweichen, anschließend abtropfen lassen.

3. Die Bambusprossen würfeln. Die Frühlingszwiebeln putzen und waschen, den Ingwer schälen, beides in kurze Streifen schneiden.

4. Das Öl erhitzen, den Aal darin 1 Minute fritieren und herausnehmen.

5. Erneut 6 Eßlöffel Öl in einer Pfanne erhitzen und den Ingwer und die Frühlingszwiebeln darin unter Rühren kurz braten. Die Pilze, die Bambussprossen und die Kastanien dazugeben und 1 Minute mitbraten.

6. Anschließend die Saucenzutaten (bis auf die Speisestärke) dazugeben und alles 5 Minuten kochen lassen.

7. Das Gericht 40 Minuten zugedeckt in einer Porzellanschale dämpfen.

8. Den Aal herausnehmen und auf den Tellern anrichten. Die Sauce in eine Pfanne gießen und aufkochen lassen. Die Speisestärke mit etwas Wasser glattrühren und zum Gericht geben. Die Sauce nochmals abschmecken und über den Aal gießen.

Gefüllter Hecht

4 Portionen

Vorbereitung:
30 Minuten

Kochzeit:
40 Minuten

1 küchenfertiger Hecht (ca. 2 kg)
1 Scheibe Ingwer
1 TL Mandarinenschale, gerieben
2 EL Sojasauce
3 EL Essig
2 EL Honig
1 TL Salz

Für die Füllung:
1 Zwiebel
2 Knoblauchzehen
1 Bund Petersilie
200 g Schweinehack
1 EL Sojasauce
1/2 TL Salz
1 TL Glutamat
1 TL Speisestärke

Außerdem:
2 EL Mehl
8 EL Sesamöl
1/4 l Geflügelbrühe
1/8 l Weißwein
4 EL Sojasauce
1 TL Zucker
1 EL Glutamat
1 Bund Schnittlauch

1. Den Hecht auf beiden Seiten mit einem sehr scharfen Messer rautenförmig einschneiden.
2. Den Ingwer schälen und fein reiben. Mit der Mandarinenschale, der Sojasauce, dem Essig, dem Honig und dem Salz mischen. Den Fisch damit innen und außen bestreichen und 15 Minuten ziehen lassen.
3. Inzwischen die Zwiebel und den Knoblauch schälen und fein hacken. Die Petersilie ebenfalls hacken. Mit dem Schweinehack und den Gewürzen zu einer festen Masse verarbeiten.
4. Den Fisch mit der Masse füllen, mit Mehl bestäuben und anschließend in dem heißen Sesamöl auf beiden Seiten 8 Minuten braten.
5. Die Geflügelbrühe, den Weißwein und die Sojasauce angießen und mit den Gewürzen abschmecken.
6. Den Aal zugedeckt bei mäßiger Hitze etwa 25 Minuten dünsten, dabei einmal vorsichtig wenden.
7. Den Fisch auf einer Platte anrichten, mit der Sauce überziehen und mit Schnittlauchröllchen bestreut servieren.

Barsch mit Cashewkernen

4 Portionen

Vorbereitung:
15 Minuten

Kochzeit:
30 Minuten

1 küchenfertiger Barsch (ca. 1,5 kg)
Saft von 2 Zitronen
schwarzer Pfeffer, gemahlen
Salz

Für den Sud:
2 Zwiebeln
2 Bund Suppengemüse
5 EL Essig

Außerdem:
200 g fetter Speck
1 Bund Frühlingszwiebeln
100 g Cashewkerne

1. Den Barsch waschen und trockentupfen. Mit dem Zitronensaft beträufeln, pfeffern und salzen.

2. Für den Sud 1 1/2 Liter Wasser zum Kochen bringen. Die Zwiebeln und das Suppengemüse schälen bzw. putzen und kleinschneiden. Zusammen mit dem Essig ins kochende Wasser geben und alles 5 Minuten köcheln lassen.

3. Den Fisch in den Sud geben und 15 Minuten ziehen lassen.

4. Den Speck fein würfeln und in einer Pfanne unter ständigem Rühren auslassen. Die Frühlingszwiebeln putzen, waschen und kleinschneiden, zusammen mit den Cashewkernen zum Speck geben und kurz erhitzen.

5. Den Sud abgießen. Den Fisch auf einer Platte anrichten und mit dem Gemüse und der Speckmischung bestreuen.

食玉炊桂

Fischwürfel im Gemüsebett

4 Portionen

Vorbereitung: 30 Minuten

Kochzeit: 10 Minuten

600 g Seefischfilet
Saft von 1 Zitrone

Für die Marinade:

2 EL Sojasauce
2 EL Austernsauce
1 EL Zitronenschale, gerieben
1 Msp. Ingwerpulver
Sichuanpfeffer
Salz
2 Eiweiß
2 EL Speisestärke

Außerdem:

6 chinesische Pilze, getrocknet
1 Bund Frühlingszwiebeln
1 Stange Staudensellerie
100 g Bambussprossen
6 EL Öl
1/4 l Geflügelbrühe
1 EL Speisestärke
1 TL Sichuanpfeffer
1 TL Fünf-Gewürz-Pulver
1 Prise Glutamat

1. Das Fischfilet in Würfel schneiden und mit dem Zitronensaft beträufeln.
2. Alle Zutaten für die Marinade miteinander verrühren, zu den Fischwürfeln geben und diese darin marinieren.
3. Die Pilze in warmem Wasser einweichen, anschließend abtropfen lassen und in Streifen schneiden.
4. Die Frühlingszwiebeln und den Staudensellerie putzen, waschen und zusammen mit den Bambussprossen in Streifen schneiden.
5. Das Öl in einer Pfanne erhitzen und die Fischwürfel darin anbraten. Herausnehmen und warm stellen.
6. Das Gemüse ins verbliebene Bratfett geben und anbraten. Die Geflügelbrühe mit der Speisestärke verrühren, zum Gemüse geben und alles aufkochen lassen.
7. Den Fisch zum Gemüse geben und kurz erwärmen. Das Gericht mit den Gewürzen abschmecken und sofort servieren.

Muschel-Gemüse-Pfanne

4 Portionen

Vorbereitung: 20 Minuten

Kochzeit: 10 Minuten

- je 400 g Venusmuscheln und Miesmuscheln
- 2 Knoblauchzehen
- 4 EL Sesamöl
- 1 TL Orangenschale, gerieben
- 1 TL Ingwer, gerieben
- 2 Möhren
- 1 Bund Frühlingszwiebeln
- 100 g Bambussprossen
- 100 g Sojabohnenkeimlinge
- $^{1}/_{4}$ l Geflügelbrühe
- 3 EL Sojasauce
- 2 EL Pflaumensauce
- 2 EL Speisestärke
- einige Tropfen Chiliöl
- Sichuanpfeffer
- Salz
- 1 TL Glutamat
- 1 Bund Schnittlauch

1. Die Muscheln unter fließendem Wasser abwaschen, anschließend trockentupfen. Die Knoblauchzehen schälen und fein hacken.

2. Das Sesamöl in einer Pfanne erhitzen und die feingehackten Knoblauchzehen, die Orangenschale und den Ingwer darin kurz anbraten.

3. Die Muscheln dazugeben und unter ständigem Rühren solange erhitzen, bis sich alle Muscheln geöffnet haben.

4. Die Möhren und die Frühlingszwiebeln putzen, waschen und in Streifen schneiden. Zusammen mit den Bambussprossen und den Sojabohnenkeimlingen zu den Muscheln geben und kurz mitbraten.

5. Die Geflügelbrühe und die Würzsaucen angießen. Die Speisestärke mit wenig kaltem Wasser glattrühren, zum Gericht geben und alles noch einmal kurz aufkochen lassen.

6. Das Gericht mit dem Chiliöl und den Gewürzen abschmecken und mit dem in Röllchen geschnittenen Schnittlauch bestreut servieren.

Garnelen mit gemischtem Gemüse

4 Portionen

Vorbereitung: 20 Minuten

Kochzeit: 15 Minuten

4 Tongupilze, getrocknet
400 g Garnelen, geschält

Für die Marinade:
3 EL Sojasauce
3 EL Austernsauce
5 EL Reiswein
Saft von 1 Zitrone

Außerdem:
4 Frühlingszwiebeln
je 1 rote und grüne Paprikaschote
100 g Zuckerschoten
100 g Bambussprossen
100 g Sojabohnenkeimlinge
4 EL Erdnußöl
400 g Nudeln, gekocht
150 ml Gemüsebrühe
Pfeffer
Salz
1 Prise Cayennepfeffer

1. Die Tongupilze etwa 20 Minuten in warmem Wasser einweichen, anschließend abtropfen lassen und in schmale Streifen schneiden.

2. Die Garnelen unter fließendem Wasser waschen und trockentupfen.

3. Die Zutaten für die Marinade verrühren und die Garnelen 15 Minuten darin ziehen lassen.

4. Die Frühlingszwiebeln, die Paprikaschoten und die Zuckerschoten putzen, waschen und zusammen mit den Bambussprossen in dünne Streifen schneiden. Die Sojabohnenkeimlinge waschen und verlesen.

5. Das Erdnußöl in einer Pfanne erhitzen und das Gemüse darin unter Rühren braten.

6. Die Garnelen mit der Marinade sowie die Nudeln und die Gemüsebrühe dazugeben. Das Gericht kurz aufkochen lassen und mit den Gewürzen abschmecken.

三樣采

Scampi mit Chinakohl

4 Portionen

Vorbereitung: 25 Minuten

Kochzeit: 10 Minuten

- 500 g Scampi, geschält
- 6 EL Erdnußöl
- 2 Knoblauchzehen
- 1 Zwiebel
- 2 Möhren
- 400 g Chinakohl oder Wirsing
- 1 TL Ingwer, gerieben
- 1/4 l Gemüsebrühe
- 150 ml Reiswein
- 3 EL Sojasauce
- 2 EL Austernsauce
- 1 TL Fünf-Gewürz-Pulver
- 2 EL Speisestärke
- 1/2 Bund Petersilie, gehackt

1. Die Scampi unter fließendem Wasser abwaschen und trockentupfen. In heißem Erdnußöl braten und herausnehmen.
2. Den Knoblauch und die Zwiebel schälen und fein hacken. Die Möhren und den Chinakohl putzen und in Streifen schneiden. Das Gemüse und den Ingwer im verbliebenen Bratfett unter Rühren braten.
3. Gemüsebrühe, Reiswein und Würzsaucen angießen. Das Gericht mit dem Gewürzpulver abschmecken und mit der glattgerührten Speisestärke binden.
4. Die Scampi dazugeben, kurz erhitzen. Mit Petersilie bestreut servieren.
(auf dem Foto: links)

Garnelen mit Hackfleisch

4 Portionen

Vorbereitung: 30 Minuten

Kochzeit: 15 Minuten

- 400 g Garnelen, geschält
- Saft von 1 Zitrone
- je 1 rote und grüne Paprikaschote
- 1 Zwiebel
- 4 Wolkenohrpilze, eingeweicht
- 3 EL Erdnußöl
- 200 g Schweinehackfleisch
- 1 TL Ingwer, gerieben
- 200 g Tofu
- 1/4 l Gemüsebrühe
- 5 EL Reiswein
- 5 EL Sojasauce
- 2 EL Austernsauce
- schwarzer Pfeffer, Salz
- 2 EL Speisestärke

1. Die Garnelen mit dem Zitronensaft beträufeln.
2. Die Paprikaschoten putzen und waschen, die Zwiebel schälen, zusammen mit den Pilzen in Streifen schneiden.
3. Das Erdnußöl erhitzen. Zuerst das Hackfleisch und den Ingwer braten und beiseite stellen. Anschließend die Garnelen braten und beiseite stellen und zuletzt das Gemüse unter Rühren braten.
4. Alle angebratenen Zutaten sowie den in Würfel geschnittenen Tofu mischen. Gemüsebrühe, Reiswein und Würzsaucen angießen, alles aufkochen lassen.
5. Das Gericht pfeffern und salzen und mit der Speisestärke binden.
(auf dem Foto: rechts)

Krevetten mit Nudeln

4 Portionen

Vorbereitung: 20 Minuten

Kochzeit: 10 Minuten

- 250 g Krevetten
- Saft von 1 Zitrone
- 120 g chinesische Nudeln
- 1 Bund Frühlingszwiebeln
- 1 rote Paprikaschote
- 6 chinesische Pilze, eingeweicht
- 2 EL Sesamöl
- 2 EL Sojasauce
- 2 EL Austernsauce
- Sichuanpfeffer, Salz
- 1/2 Bund Schnittlauch

1. Die Krevetten mit Zitronensaft beträufeln. Die Nudeln laut Anweisung kochen und gut abtropfen lassen.
2. Die Frühlingszwiebeln und die Paprikaschote putzen und waschen, beides zusammen mit den Pilzen in Streifen schneiden.
3. Das Sesamöl erhitzen und die Gemüsestreifen darin unter Rühren braten. Das Krevettenfleisch und die Nudeln zugeben und unter ständigem Rühren braten.
4. Das Gericht mit den Würzsaucen, dem Sichuanpfeffer und dem Salz abschmekken und mit Schnittlauchröllchen bestreut servieren.

(auf dem Foto: links)

Marinierte Garnelen

4 Portionen

Vorbereitung: 1 Stunde (einschließlich Marinierzeit)

Kochzeit: 10 Minuten

- 1/8 l Weißwein
- 2 EL Sojasauce
- 2 EL Honig
- Saft von 1 Zitrone
- 1 EL Zitronenschale, gerieben
- Sichuanpfeffer, Salz
- 1 Knoblauchzehe
- 1 Bund Frühlingszwiebeln
- 1 rote Paprikaschote
- 2 Möhren
- 6 EL Sesamöl
- 20 Riesengarnelen, geschält
- 1 TL Fünf-Gewürz-Pulver
- 1 Prise Glutamat
- 1 TL Speisestärke

1. Weißwein, Sojasauce, Honig, Zitronensaft und -schale, Sichuanpfeffer und Salz verrühren und die Garnelen 1 Stunde darin marinieren.
2. Den Knoblauch schälen und fein hacken. Das Gemüse putzen, waschen und in Streifen schneiden.
3. Das Sesamöl erhitzen. Den Knoblauch und die Riesengarnelen unter Rühren braten. Die Gemüsestreifen dazugeben und mitbraten.
4. Die Marinade mit den Gewürzen und der Speisestärke verrühren. Zum Gericht geben, aufkochen lassen und alles nochmals abschmecken.

(auf dem Foto: rechts)

Gebratene Krabben

4 Portionen

Vorbereitung: 15 Minuten

Kochzeit: 10 Minuten

- 1 Knoblauchzehe
- 3 EL Erdnußöl
- 1/2 TL Ingwer, gerieben
- 400 g Krabben
- 200 ml Fischfond
- 2 EL chinesischer Reiswein oder trockener Sherry
- 1 EL Austernsauce
- 1 EL Speisestärke

1. Die Knoblauchzehe schälen und fein hacken.
2. Das Erdnußöl in einer Pfanne erhitzen. Knoblauch und Ingwer darin goldbraun braten. Die Krabben dazugeben und bei mittlerer Hitze 5 Minuten braten.
3. Den Fischfond, den Reiswein und die Austernsauce angießen und alles abgedeckt etwa 2 Minuten köcheln lassen.
4. Die Speisestärke mit wenig Wasser glattrühren, zum Gericht geben und aufkochen lassen. Die Flüssigkeit soll eindicken und klar werden. Mit Reis servieren.
(auf dem Foto: oben)

Scharfe Garnelen

4 Portionen

Vorbereitung: 15 Minuten

Kochzeit: 15 Minuten

- 3 rote Chilischoten
- 1 Knoblauchzehe
- 1 EL Ingwer, gerieben
- 1 EL Zucker
- 1/8 l Erdnußöl
- 500 g Garnelen
- 1 EL Sojasauce
- 1 EL chinesischer Reiswein oder trockener Sherry

1. Die Chilischoten fein hacken. Die Knoblauchzehe schälen und zerdrücken. Beides mit dem Ingwer und der Hälfte des Zuckers gut mischen.
2. Das Erdnußöl in einer Pfanne erhitzen. Nacheinander jeweils mehrere Garnelen etwa 3 Minuten fritieren, herausnehmen und auf Küchenpapier abtropfen lassen.
3. Das Öl bis auf 1 Eßlöffel abgießen. Die Chili-Ingwer-Mischung hineingeben und unter Rühren kurz braten.
4. Den restlichen Zucker, die Sojasauce und den Reiswein zugeben und alles etwa 3 Minuten braten.
5. Die Garnelen dazugeben und unter Rühren erhitzen. Mit Nudeln servieren.
(auf dem Foto: unten)

Fritierte Garnelen

4 Portionen

Vorbereitung: 20 Minuten

Kochzeit: 10 Minuten

16 Riesengarnelen, geschält
je 1/2 TL Salz, Zucker, Pfeffer, Glutamat
3 EL Reiswein

Für die Sauce:
3 EL Zucker
4 EL Tomatenketchup
5 EL Essig
8 EL Geflügelbrühe
2 EL Speisestärke
6 EL Wasser
Pfeffer
Salz
1 Prise Glutamat

Außerdem:
6 EL Mehl
1 EL Speisestärke
1 TL Salz
1/2 TL Fünf-Gewürz-Pulver
1 Ei
Öl zum Fritieren
dekorative Salatblätter
Tomatenscheiben

1. Die Garnelen mit den Gewürzen und dem Reiswein etwa 5 Minuten marinieren.
2. Zucker, Tomatenketchup, Essig und Geflügelbrühe gut verrühren und aufkochen lassen. Nach etwa 2 Minuten die mit Wasser angerührte Speisestärke hineinrühren und nochmals aufkochen lassen. Mit Pfeffer, Salz und Glutamat würzen.
3. Das Mehl mit der Speisestärke, dem Salz und dem Gewürzpulver mischen. Das Ei verquirlen.
4. Die Garnelen zuerst in dem Ei und anschließend in der Mehl-Gewürz-Mischung wenden.
5. Das Öl in einer Pfanne erhitzen. Die Garnelen darin goldgelb fritieren und herausnehmen.
6. Die Garnelen auf Salatblättern und Tomatenscheiben anrichten und mit der Sauce servieren.

Garnelenklößchen auf Salatbett

4 Portionen

Vorbereitung:
20 Minuten

Kochzeit:
10 Minuten

- 650 g Garnelen, geschält
- 100 g fetter Bauchspeck
- 3 EL Öl
- 1 $\frac{1}{2}$ TL weißer Pfeffer
- 1 TL Salz
- 1 $\frac{1}{2}$ TL Backpulver
- 2 EL Reiswein
- 1 Eiweiß
- 1 l Öl zum Fritieren
- 4 Salatblätter
- Sichuanpfeffer

1. Die Garnelen im Mixer zerkleinern oder mit dem Küchenbeil sehr fein hacken. Den Bauchspeck in sehr kleine Würfel schneiden und zu den Garnelen geben.

2. Öl, Pfeffer, Salz, Backpulver, Reiswein und Eiweiß miteinander verrühren und gut mit der Garnelen-Speck-Masse mischen. Etwa 10 Minuten ziehen lassen.

3. Das Öl in eine hohe Pfanne gießen. Von der Garnelenhackmasse mit einem Teelöffel kleine Klößchen abstechen und in das kalte Öl geben. Zunächst bei kleiner Hitze 2 Minuten lang fritieren, dann die Klößchen bei mittelgroßer Hitze goldgelb fritieren.

4. Die Salatblätter waschen, trockenschleudern, kleinschneiden und auf Teller legen. Die Garnelenklößchen darauf anrichten und mit Sichuanpfeffer bestreuen.

多吃點飯.

Tintenfisch mit Gemüsesauce

4 Portionen

Zubereitungszeit:
45 Minuten

- 500 g Tintenfisch
- 10 g Ingwer
- 2 Chilischoten
- 1 Frühlingszwiebel
- 5 EL Sojasauce
- 2 EL Essig
- 1 EL Sesamöl
- 2 EL Zucker
- 1/2 TL weißer Pfeffer
- 1 Prise Glutamat

TIP *Für dieses typische Sommergericht sollten Sie nur ganz frischen Tintenfisch verwenden.*

1. Die Tintenfische putzen, den Kopf und die Fangarme abtrennen, das Fleisch von außen im Rhombenmuster einschneiden. Anschließend je nach Größe halbieren oder dritteln und in rautenförmige Stücke schneiden.
2. Die Stücke 1 bis 2 Minuten in kochendheißes Wasser geben, anschließend sofort 20 Minuten in einen Topf mit kaltem Wasser legen.
3. Den Ingwer schälen und zusammen mit den Chilischoten fein hacken. Die Frühlingszwiebel putzen und waschen, das Weiße fein hacken.
4. Das feingehackte Gemüse mit Sojasauce, Essig, Sesamöl, Zucker, Pfeffer und Glutamat gut vermischen.
5. Die Tintenfischstücke auf Tellern anrichten und mit der Sauce übergießen. Mit wenig Reis servieren.

一面吃一面談

Marinierter Tintenfisch

4 Portionen

Vorbereitung: 30 Minuten

Kochzeit: 15 Minuten

500 g Tintenfisch

Für die Marinade:

2 EL Sojasauce
2 EL Öl
3 EL Wasser
1 EL Speisestärke

Außerdem:

2 Knoblauchzehen
20 g Ingwer
20 g Frühlingszwiebeln
30 g Chilischoten, getrocknet
Öl zum Fritieren
4 EL Geflügelbrühe
2 EL Sojasauce
3 EL Tomatenketchup
2 EL Sesamöl
2 EL Zucker
1 TL weißer Pfeffer
1/2 TL Salz
1 Prise Glutamat
1 EL Speisestärke

1. Die Tintenfische gründlich putzen, den Kopf und die Fangarme abtrennen, den Schulp entfernen. Den Körper aufschneiden und das Fleisch rautenförmig einschneiden, anschließend in große Würfel schneiden.
2. Die Zutaten für die Marinade miteinander verrühren. Die Tintenfischwürfel und die Fangarme darin 15 Minuten lang marinieren.
3. Die Knoblauchzehen und den Ingwer schälen und fein hacken. Die Frühlingszwiebel putzen, das Weiße fein schneiden. Die Chilischoten halbieren.
4. Die halbierten Chilischoten in heißem Öl so lange fritieren, bis sie dunkelbraun sind. Die marinierten Tintenfischstücke dazugeben und unter Rühren 1 Minute fritieren. Alles herausnehmen und abtropfen lassen. Das Öl abgießen.
5. Erneut 8 Eßlöffel Öl in der Pfanne erhitzen. Knoblauch, Ingwer und Frühlingszwiebeln 1 Minute unter Rühren braten. Den fritierten Tintenfisch und die Chilischoten zugeben und 1 weitere Minute mitbraten.
6. Geflügelbrühe, Sojasauce, Tomatenketchup, Sesamöl und Gewürze dazugeben. Die glattgerührte Speisestärke zum Gericht geben und alles kurz aufkochen lassen. Die Chilischoten vor dem Servieren entfernen.

216
217

Meeresfrüchte im Würzsud

4 Portionen

Vorbereitung: 20 Minuten

Kochzeit: 20 Minuten

Für den Würzsud:

1 Knoblauchzehe
2 Möhren
1 Stück Staudensellerie
3 EL Sesamöl
je 1 TL Nelken, Wacholderbeeren, Piment, Koriander, rote Pfefferkörner
Salz
1 l Gemüsebrühe
1/4 l Weißwein
1/8 l Essig
4 EL Sojasauce
3 EL Austernsauce

Außerdem:

500 g Muscheln
200 g Tintenfischringe, blanchiert
50 g Fische, getrocknet
8 kleine Krebse
Sichuanpfeffer

1. Den Knoblauch schälen und fein hakken. Die Möhren und den Staudensellerie putzen, waschen und in dünne Scheiben schneiden.

2. Das Sesamöl in einer Pfanne erhitzen. Den Knoblauch und das Gemüse kurz darin braten. Die Gewürze dazugeben und kurz mitbraten.

3. Gemüsebrühe, Weißwein, Essig und Würzsaucen angießen und alles zum Kochen bringen.

4. Muscheln, Tintenfischringe, getrockneten Fisch und Krebse dazugeben und bei mäßiger Hitze 20 Minuten ziehen lassen. Das Gericht nochmals kräftig würzen und servieren.

好吃，很好吃.

Gefüllte Languste

4 Portionen

Vorbereitung: 30 Minuten

Kochzeit: 15 Minuten

2 küchenfertige Langusten

Für den Sud:

2 l Fleischbrühe

$^1/_4$ l Essig

1 Zwiebel

2 Stangen Zimt

2 Lorbeerblätter

1 TL Anis

einige Nelken

Für die Füllung:

1 Bund Frühlingszwiebeln

1 rote Paprikaschote

2 EL Erdnußöl

200 g feines Rinderhack

2 EL Austernsauce

4 EL Obstessig

2 EL Honig

einige Tropfen Chiliöl

weißer Pfeffer, gemahlen

1 TL Salz

$^1/_2$ TL Glutamat

1. Die Langusten unter fließendem Wasser waschen und trockentupfen.
2. Die Fleischbrühe, den Essig, die geschälte Zwiebel und die Gewürze in einen Topf geben und aufkochen lassen.
3. Die Langusten in den Sud legen und 15 bis 20 Minuten darin garen. Anschließend herausnehmen, halbieren, das Fleisch auslösen und in Scheiben schneiden.
4. Die Frühlingszwiebeln und die Paprikaschote putzen und waschen, beides in Würfel schneiden.
5. Das Erdnußöl in einer Pfanne erhitzen und das Rinderhack darin scharf anbraten. Das Langustenfleisch und das Gemüse dazugeben und kurz mitbraten.
6. Austernsauce, Obstessig, Honig und Chiliöl unterrühren und mit Pfeffer, Salz und Glutamat abschmecken.
7. In die Langustenhälften füllen und sofort servieren.

美味佳希.

Gemüsegerichte mit und ohne Fleisch

Die Chinesen beherrschen auch die Zubereitung von Gemüse meisterhaft. Sehr beliebt ist das Backen von Gemüse in der Friteuse - kein Wunder, gelten doch die Chinesen als deren Erfinder. Bei dieser Garmethode bleibt das Gemüse viel saftiger und knuspriger, als wenn es in Wasser gegart wird. Durch das heiße Öl bekommt es sofort eine feste Kruste, die Farbe und wertvolle Nährstoffe bleiben erhalten. Herausragende Kochergebnisse erfordern auch einwandfreie Zutaten - stets sollte man beim Einkauf darauf achten, daß das Gemüse frisch und knackig ist. Bei der Zubereitung ist intensive Hitze und das Einhalten kurzer Garzeiten besonders wichtig.

Gebratene Sojabohnenkeimlinge

3-4 Portionen

Vorbereitung: 15 Minuten

Kochzeit: 5 Minuten

- 700 g Sojabohnenkeimlinge
- 3 Knoblauchzehen
- 1 Möhre
- 1 Frühlingszwiebel
- 12 EL Erdnußöl
- 1/4 l Geflügelbrühe
- 1 EL Zucker
- 1/2 TL weißer Pfeffer
- 1/2 TL Salz
- 1 Prise Glutamat
- 1 EL Speisestärke

1. Die Sojabohnenkeimlinge in 1 Liter kochendes Wasser geben und 2 Minuten kochen.

2. Die Knoblauchzehen schälen und fein hacken. Die Möhre und die Frühlingszwiebel putzen und in feine Streifen schneiden.

3. Anschließend das Erdnußöl in einer hohen Pfanne erhitzen und den Knoblauch kurz darin anbraten. Die Sojabohnenkeimlinge, die Möhren- und die Frühlingszwiebelstreifen dazugeben und 1 Minute lang braten.

4. Die Geflügelbrühe angießen, mit Zucker, Pfeffer, Salz und Glutamat würzen. Die Speisestärke mit wenig kaltem Wasser glattrühren, zum Gericht geben, alles nochmals kurz aufkochen lassen und servieren.

香噴噴.

Gebratene Bambussprossen mit Pilzen

3-4 Portionen

Vorbereitung:
30 Minuten

Kochzeit:
10 Minuten

- 100 g chinesische Blumenpilze, getrocknet
- 350 g Bambussprossen
- 2 Frühlingszwiebeln
- 2 Knoblauchzehen
- 8 EL Erdnußöl
- 150 ml Geflügelbrühe
- 2 EL Reiswein
- 8 EL Sojasauce
- 2 EL Zucker
- 1 TL Pfeffer
- 1/2 TL Salz
- 1 Prise Glutamat
- 1 EL Speisestärke
- 1 EL Sesamöl

1. Die Blumenpilze etwa 20 Minuten in warmem Wasser einweichen. Anschliessend gut abtropfen lassen und zusammen mit den Bambussprossen in Scheiben schneiden.

2. Die Frühlingszwiebeln putzen und in Stücke schneiden. Die Knoblauchzehen schälen und fein hacken.

3. Das Erdnußöl in einer Pfanne erhitzen und den Knoblauch kurz darin anbraten. Die Blumenpilze und die Bambussprossen dazugeben und 3 Minuten unter ständigem Rühren braten.

4. Die Geflügelbrühe, den Reiswein und die Sojasauce angießen, mit den Gewürzen abschmecken. Die Speisestärke mit wenig kaltem Wasser glattrühren, zum Gericht geben, alles nochmals kurz aufkochen lassen und mit dem Sesamöl aromatisieren.

可口可味.

Süß-saures Gemüseallerlei

4 Portionen

Vorbereitung: 20 Minuten

Kochzeit: 10 Minuten

- 500 g gemischtes Gemüse (Möhren, Brokkoli, Zuckerschoten, Stangensellerie, Lauch, Maiskölbchen, Bambussprossen, Sojabohnenkeimlinge)
- 100 g frische Tongupilze
- 2 Knoblauchzehen
- 75 g Litschis (aus der Dose)
- 4 EL Erdnußöl
- 2 EL Ingwer, feingehackt
- 100 ml Gemüsebrühe
- 2 EL Reisessig
- 2 EL Sojasauce
- 2 EL Tomatenketchup
- 2 EL Zucker
- schwarzer Pfeffer, gemahlen
- 1 TL Speisestärke

1. Alles Gemüse putzen und waschen und zusammen mit den Pilzen in mundgerechte Stücke schneiden. Die Knoblauchzehen schälen und fein hacken. Die Litschis aus der Schale brechen, Dosenware abtropfen lassen.

2. Das Erdnußöl in einer hohen Pfanne erhitzen. Den Knoblauch und den Ingwer kurz darin anbraten. Das Gemüse portionsweise nacheinander braten, dabei die festen Gemüsesorten zuerst, die Sojabohnenkeimlinge ganz zum Schluß dazugeben. Anschließend die Litschis unterrühren.

3. Die Gemüsebrühe, den Reisessig und die Sojasauce angießen, mit Tomatenketchup, Zucker und Pfeffer würzen. Die Speisestärke mit wenig kaltem Wasser glattrühren, zum Gericht geben, alles nochmals kurz aufkochen lassen und servieren.

同坐同食

Pilz-Gemüse-Pfanne

4 Portionen

Vorbereitung:
30 Minuten

Kochzeit:
10 Minuten

6 Wolkenohrpilze, getrocknet
6 Tongupilze, getrocknet
50 Tofustreifen, getrocknet
1 Zwiebel
1 Knoblauchzehe
2 Möhren
50 g Lauch
80 g Staudensellerie
1 kleiner weißer Rettich
100 g Lotuswurzeln
100 g Sojabohnenkeimlinge
100 g Bambussprossen
4 EL Erdnußöl

Für die Sauce:
1/4 l Gemüsebrühe
3 EL Sojasauce
3 EL Pflaumensauce
3 EL Essig
1 Prise Zucker
1 Prise Cayennepfeffer
schwarzer Pfeffer
Salz
1 Bund Schnittlauch

1. Die Pilze und die Tofustreifen getrennt in warmem Wasser etwa 30 Minuten quellen lassen.
2. Die Zwiebel und die Knoblauchzehe schälen und fein hacken. Die Möhren, den Lauch, den Staudensellerie und den Rettich putzen, waschen und in Scheiben oder Streifen schneiden.
3. Die Lotuswurzeln in mundgerechte Stücke schneiden. Die Sojabohnenkeimlinge verlesen, waschen und abtropfen lassen. Die Bambussprossen in Streifen schneiden.
4. Das Erdnußöl in einer Pfanne erhitzen, die Zwiebel und den Knoblauch darin kurz braten. Möhren, Lauch, Sellerie und Rettich dazugeben und unter Rühren braten.
5. Lotuswurzeln, Sojabohnenkeimlinge und Bambussprossen zugeben und weitere 4 Minuten braten.
6. Gemüsebrühe, Sojasauce, Pflaumensauce und Essig angießen, mit den Gewürzen kräftig abschmecken und einmal aufkochen lassen. Mit Schnittlauchröllchen bestreut servieren.

Gebratene Maiskölbchen

4 Portionen

Vorbereitung: 20 Minuten

Kochzeit: 10 Minuten

- 500 g Maiskölbchen (aus der Dose)
- 250 g Zuckerschoten
- 1 Salatgurke
- 1 Knoblauchzehe
- 1 EL Erdnußöl
- 1 EL Sesamöl
- 1/2 TL Ingwer, gerieben
- Salz

1. Die Maiskölbchen abtropfen lassen. Die Zuckerschoten entfädeln und schräg halbieren. Die Salatgurke waschen, schälen und in dünne Scheiben schneiden. Die Knoblauchzehe schälen und fein hacken.
2. Die beiden Öle in einer Pfanne erhitzen. Den Knoblauch und den Ingwer darin kurz anbraten.
3. Die Maiskölbchen und die Zuckerschoten dazugeben und 2 Minuten unter Rühren braten. Die Gurkenscheiben dazugeben und alles weitere 2 Minuten braten.
4. Das Gericht mit Salz abschmecken und sofort servieren.
(auf dem Foto: oben)

Scharfe grüne Bohnen

4 Portionen

Vorbereitung: 20 Minuten

Kochzeit: 10 Minuten

- 500 grüne Bohnen
- 2 Knoblauchzehen
- 2 Zwiebeln
- 2 EL Erdnußöl
- 1 TL Sambal oelek
- Salz

1. Die Bohnen putzen, waschen und schräg in feine Scheiben schneiden. Die Knoblauchzehen schälen und fein hakken, die Zwiebeln schälen und in feine Ringe schneiden.
2. Das Erdnußöl in einer Pfanne erhitzen und die Bohnen darin 3 Minuten unter Rühren braten.
3. Knoblauch, Sambal oelek und Salz dazugeben und weitere 3 Minuten braten. Die Bohnen sollen noch bißfest sein.
4. Das Gericht mit den rohen Zwiebelringen vermischen und sofort servieren.
(auf dem Foto: unten)

Gebratene Brokkoli

3-4 Portionen

Vorbereitung:
10 Minuten

Kochzeit:
10 Minuten

700 g Brokkoli
2 Knoblauchzehen
8 EL Erdnußöl
1/4 l Geflügelbrühe
2 EL Zucker
1/2 TL Pfeffer
1 EL Salz
1 Prise Glutamat
1 EL Speisestärke
2 EL Sesamöl

1. Die Brokkoli putzen, waschen und in Röschen teilen. In 1 Liter kochendes Wasser geben und 2 Minuten lang kochen lassen.
2. Die Knoblauchzehen schälen und fein hacken.
3. Das Erdnußöl in einer Pfanne erhitzen und den Knoblauch kurz darin braten. Die Brokkoli zufügen und 3 Minuten unter Rühren braten.
4. Die Geflügelbrühe angießen und mit Zucker, Pfeffer, Salz und Glutamat würzen. Die Speisestärke mit wenig Wasser glattrühren, zum Gericht geben und alles aufkochen lassen. Zum Schluß mit Sesamöl verfeinern.

民以食為天.

Scharfe Gemüsepfanne

3-4 Portionen

Vorbereitung: 35 Minuten

Kochzeit: 10 Minuten

- 1 kleine Möhre
- 100 g Zuckerschoten
- 1 kleiner Lauch
- 150 g Chinakohl
- 100 g Bambussprossen
- 100 g Sojabohnenkeimlinge
- 100 g Maiskölbchen (aus der Dose)
- 2 Knoblauchzehen
- 2 Chilischoten
- 35 g Glasnudeln
- 4 EL Erdnußöl
- 3 EL Cashewkerne
- 1 EL Ingwer, feingehackt
- 4 EL Sojasauce
- 3 EL Reiswein
- 1 EL Reisessig
- 2 EL Tomatenketchup
- evtl. 1 EL Koriandergrün, feingehackt

1. Alles Gemüse putzen und waschen. Die Möhren in schräge Scheiben schneiden, die Zuckerschoten entfädeln und schräg halbieren, den Lauch in schräge Ringe schneiden, den Chinakohl in Streifen schneiden.

2. Die Bambussprossen, die Sojabohnenkeimlinge und Maiskölbchen abspülen und abtropfen lassen, eventuell klein schneiden.

3. Die Knoblauchzehen schälen und zusammen mit den Chilischoten fein hacken.

4. Die Glasnudeln einige Minuten in warmem Wasser quellen lassen.

5. Das Erdnußöl in einer Pfanne erhitzen, die Cashewkerne darin kurz anbraten und herausnehmen. Knoblauch, Chilischoten und Ingwer ebenfalls kurz anbraten. Das Gemüse portionsweise nacheinander braten, dabei die festen Gemüsesorten zuerst, die Sojabohnenkeimlinge ganz zum Schluß dazugeben.

6. Das Gericht mit Sojasauce, Reiswein, Reisessig und Tomatenketchup würzen und mit Cashewkernen und Koriandergrün bestreut servieren.

Gemüsemix mit fritierten Reisnudeln

2 Portionen

Vorbereitung: 30 Minuten

Kochzeit: 10 Minuten

- 1 Stange Lauch
- 120 g Brokkoli
- 120 g Chinakohl
- 1 kleine rote Paprikaschote
- 1 Möhre
- 1/2 l Öl zum Fritieren
- 50 g schmale Reisbandnudeln
- 50 ml Gemüsebrühe
- 3 EL Sojasauce
- 2 EL Tomatenketchup
- schwarzer Pfeffer, gemahlen

1. Alles Gemüse putzen und waschen. Den Lauch in schräge Ringe schneiden, die Brokkoli in Röschen teilen. Chinakohl, Paprikaschote und Möhre in Streifen schneiden.

2. Das Öl in einer hohen Pfanne erhitzen. Die Reisnudeln darin portionsweise fritieren, bis sie weißlich aussehen und aufgebläht sind. Anschließend herausnehmen und warm stellen. Das Öl bis auf 3 Eßlöffel abgießen.

3. Das Öl erneut erhitzen und das Gemüse darin unter Rühren braten.

4. Die Gemüsebrühe angießen, mit der Sojasauce, dem Tomatenketchup und Pfeffer würzen. Das Gericht mit den Nudeln anrichten.

有吃有喝.

Wirsing-Linsen-Gemüse

2 Portionen

Vorbereitung:
45 Minuten

Kochzeit:
10 Minuten

100 g braune Linsen
350 ml Gemüsebrühe
1 Zwiebel
1 kleine Möhre
1 kleiner Wirsing
2 EL Erdnußöl
1 EL Speisestärke
2 EL Essig
schwarzer Pfeffer
Salz

1. Die Linsen verlesen. Die Gemüsebrühe zum Kochen bringen und die Linsen darin zugedeckt bei milder Hitze 30 bis 45 Minuten knapp gar kochen. Anschließend abtropfen lassen und die Brühe auffangen.
2. Die Zwiebel schälen und fein hacken. Die Möhre putzen, waschen und fein würfeln. Den Wirsing putzen, waschen und in schmale Streifen schneiden.
3. Das Erdnußöl in einer Pfanne erhitzen. Die Zwiebel- und die Möhrenwürfel darin kurz braten. Die Wirsingstreifen dazugeben und mitbraten. Zuletzt die Linsen unterrühren.
4. Die abgetropfte Brühe mit der Speisestärke binden und in die Pfanne gießen, alles kurz aufkochen lassen. Das Gericht mit Essig, Pfeffer und Salz kräftig abschmecken.

慢慢吃.

Gewürzte rote Linsen

2 Portionen

Vorbereitung: 20 Minuten

Kochzeit: 10 Minuten

- 120 g rote Linsen
- schwarzer Pfeffer, gemahlen
- Salz
- 2 Knoblauchzehen
- 1 Bund Frühlingszwiebeln
- 1 kleine rote Paprikaschote
- 2 EL Erdnußöl
- 1 TL Fünf-Gewürz-Pulver
- 1 TL Kurkuma
- 1 TL Kreuzkümmel, gemahlen

1. Die Linsen verlesen und mit $^1/_4$ Liter Wasser aufkochen. Mit Pfeffer und Salz würzen, zugedeckt knapp 10 Minuten garen.
2. Die Knoblauchzehen schälen und fein hacken. Die Frühlingszwiebeln putzen, waschen und in schräge Ringe schneiden. Die Paprikaschote putzen, waschen und in feine Streifen schneiden.
3. Das Erdnußöl in einer Pfanne erhitzen und den Knoblauch kurz darin braten. Die Frühlingszwiebel und die Paprikastreifen dazugeben und etwa 2 Minuten unter Rühren braten.
4. Das Gewürzpulver, den Kurkuma und den Kreuzkümmel unterrühren und kurz mitbraten.
5. Die gekochten Linsen mit der Kochflüssigkeit dazugeben, das Gericht nochmals kräftig abschmecken und heiß servieren.

舉世無雙

Süß-saurer Wirsing

4 Portionen

Vorbereitung: 30 Minuten

Kochzeit: 10 Minuten

- 1 kleiner Wirsing (ca. 600 g)
- 6 Wolkenohrpilze, eingeweicht
- 1 Knoblauchzehe
- 1 Zwiebel
- 4 EL Erdnußöl
- 300 ml Gemüsebrühe
- 3 EL Sojasauce
- 3 EL Obstessig
- 2 EL Honig
- 2 EL Tomatenmark
- 1 TL Fünf-Gewürz-Pulver
- Pfeffer, Salz
- 100 g roher Schinken
- 1 EL Speisestärke
- einige Tropfen Chiliöl

1. Den Wirsing putzen und waschen. Die Blätter zusammen mit den Pilzen in Streifen schneiden.

2. Die Knoblauchzehe und die Zwiebel schälen und fein hacken.

3. Das Erdnußöl erhitzen und das Gemüse darin unter Rühren braten.

4. Die Gemüsebrühe, die Würzzutaten und den feingeschnittenen Schinken dazugeben und alles aufkochen lassen. Das Gericht mit der Speisestärke binden und mit dem Chiliöl nach Geschmack schärfen.

(auf dem Foto: links)

Mangold mit Schinken

4 Portionen

Vorbereitung: 25 Minuten

Kochzeit: 10 Minuten

- 600 g Mangold
- 2 Knoblauchzehen
- 2 Zwiebeln
- 100 g roher Schinken
- 2 Hähnchenbrustfilets
- 4 EL Sesamöl
- 1 TL Ingwer, gerieben
- 150 ml Gemüsebrühe
- 4 EL Sojasauce
- 5 EL Reiswein
- je 1 Prise Koriander-, Muskat-, Nelkenpulver
- 1 Prise Zucker
- Pfeffer
- Salz

1. Den Mangold putzen, waschen und in mundgerechte Stücke schneiden. Die Knoblauchzehen und die Zwiebeln schälen und fein hacken.

2. Den Schinken und die Hähnchenbrustfilets in feine Streifen schneiden.

3. Das Sesamöl erhitzen und die vorbereiteten Zutaten sowie den Ingwer darin unter ständigem Rühren braten.

4. Die Gemüsebrühe, die Sojasauce und den Reiswein angießen. Das Gericht aufkochen lassen und mit den Gewürzen abschmecken.

(auf dem Foto: rechts)

Gedünsteter Chinakohl

4 Portionen

Vorbereitung:
20 Minuten

Kochzeit:
10 Minuten

1 mittelgroßer Kopf Chinakohl
1 Bund Frühlingszwiebeln
100 g Krabben oder Krevetten
3 EL Sesamöl

Für die Sauce:
1/8 l Geflügelbrühe
1/8 l Milch
1 El Speisestärke
Pfeffer, gemahlen
1 TL Salz
1/2 TL Ingwer, gerieben
1 EL Koriandergrün, gehackt

1. Den Chinakohl und die Frühlingszwiebeln putzen, waschen und in Scheiben schneiden.
2. Die Krabben unter fließendem, kaltem Wasser waschen und gut abtropfen lassen.
3. Anschließend das Sesamöl in einer hohen Pfanne erhitzen und die Frühlingszwiebeln kurz braten. Dann die Krabben und den Chinakohl dazugeben und kurz mitbraten.
4. Die Geflügelbrühe angießen. Die Milch mit der Speisestärke glattrühren, ebenfalls nach und nach angießen und alles aufkochen lassen.
5. Das Gericht mit dem Pfeffer, dem Salz und dem Ingwer kräftig abschmecken und mit dem Koriandergrün bestreut servieren.

飯後走百步
強於開樂鋪

Fruchtiger Curryreis

2 Portionen

Vorbereitung: 30 Minuten

Kochzeit: 15 Minuten

1/4 l Gemüsebrühe
125 g Langkornreis
1 kleine Stange Lauch
150 g Ananas (frisch oder aus der Dose)
1 kleiner Apfel
1 Kiwi
1 kleine Banane
50 g Mandeln, ungeschält
2 EL Erdnußöl
2 EL Currypulver

TIP *Dazu paßt grüner Tee.*

1. Die Gemüsebrühe zum Kochen bringen und den Reis darin bei milder Hitze etwa 20 Minuten ausquellen lassen.

2. Den Lauch putzen, waschen und in schräge Ringe schneiden. Die Ananas schälen und würfeln, Dosenananas vorher abtropfen lassen. Den Apfel schälen und in kleine Stücke schneiden. Die Kiwi und die Banane schälen und in Scheiben schneiden, Kiwischeiben nochmals halbieren.

3. Die Mandeln in kochendem Wasser 3 Minuten lang brühen, etwas abkühlen lassen und aus den aufgeweichten Häutchen drücken.

4. Anschließend das Erdnußöl in einer Pfanne erhitzen, die Mandeln darin unter Rühren anrösten, herausnehmen und zur Seite stellen.

5. Den Lauch im verbliebenen Öl braten, mit Currypulver bestäuben und kurz weiterbraten. Den Reis und die Früchte dazugeben und kurz erwärmen. Das Gericht mit den Mandeln bestreut servieren.

福在吃.

Gedämpfter Gemüsereis

4 Portionen	200 g Reis
	Salz
Vorbereitung:	1 Bund Frühlingszwiebeln
15 Minuten	1 rote Paprikaschote
Kochzeit:	100 g grüne Erbsen (TK-Produkt)
1 Stunde	100 g roher Schinken
	3 EL Erdnußöl
	1 Bund Schnittlauch
	4 EL Austernsauce

1. Den Reis in Salzwasser 5 Minuten kochen, anschließend abgießen.
2. Die Frühlingszwiebeln und die Paprikaschote putzen, waschen und in kleine Würfel schneiden und mit den Erbsen vermischen.
3. Den Schinken ebenfalls würfeln.
4. Das Erdnußöl in einer Pfanne erhitzen. Die Gemüse- und Schinkenwürfel darin kurz braten. Mit dem Reis vermischen und in feuerfeste Förmchen füllen. Die Schälchen müssen groß genug sein, da sich die Reismenge ungefähr verdoppelt.
5. Schwach gesalzenes Wasser angießen, bis der Reis knapp bedeckt ist. Die Schälchen in einen Dampfkorb oder Topf stellen und etwa 1 Stunde darin garen.
6. Das Gericht mit Schnittlauchröllchen bestreuen, mit je 1 Eßlöffel Austernsauce überziehen und sofort servieren.

香噴噴.

Gekochter Gemüsereis

4 Portionen

Vorbereitung: 20 Minuten

Kochzeit: 35 Minuten

- 1 Bund Frühlingszwiebeln
- 1 rote Paprikaschote
- 1 Zucchino
- 2 Möhren
- 200 g Staudensellerie
- 2 EL Erdnußöl
- 1 TL Salz
- 200 g Reis
- 1 $^1/_2$ l Geflügelbrühe
- 1 Msp. Anis, gemahlen
- 2 EL Koriandergrün, gehackt

1. Alles Gemüse putzen, waschen und in kleine Würfel schneiden.

2. Das Erdnußöl in einem Topf erhitzen und das Gemüse darin unter Rühren braten.

3. Das Gemüse salzen, den Reis dazugeben und etwa $^3/_4$ Liter Geflügelbrühe angießen.

4. Das Ganze zum Kochen bringen und anschließend zugedeckt bei milder Hitze 8 Minuten köcheln lassen.

5. Dann den Reis erneut mit soviel Brühe aufgießen, daß er knapp damit bedeckt ist. Den Anis dazugeben und weitere 5 Minuten bei geschlossenem Topf köcheln lassen.

6. Die Herdplatte ausschalten, den Reis noch einmal weitere 8 Minuten ziehen lassen. Das Gericht mit dem Koriandergrün bestreut servieren.

十日之飲

Gemüsenudeln mit Ingwer

2 Portionen

Vorbereitung: 20 Minuten

Kochzeit: 10 Minuten

120 g breite Reisbandnudeln
(ersatzweise Weizenbandnudeln)
200 g Möhren
300 Lauch
1 Knoblauchzehe
1 Scheibe Ingwer
3 EL Erdnußöl
2 EL Erdnüsse, geröstet, gesalzen
schwarzer Pfeffer, gemahlen
Salz

1. Die Reisbandnudeln mit reichlich heißem Wasser übergießen und kurz quellen und anschließend gut abtropfen lassen. (Ersatzweise Weizennudeln in Salzwasser bißfest garen und gut abtropfen lassen.)
2. Die Möhren und den Lauch putzen, waschen und in dünne, lange Streifen schneiden.
3. Die Knoblauchzehe und den Ingwer schälen und fein hacken.
4. Das Erdnußöl in einer Pfanne erhitzen, den Knoblauch und den Ingwer darin kurz braten. Die Möhren und den Lauch dazugeben und mitbraten.
5. Die Reisnudeln und die Erdnüsse in die Pfanne geben und etwa 2 Minuten unter Rühren braten. Das Gericht mit Pfeffer und Salz abschmecken.

垂涎欲滴.

Gedämpfter Reis mit Chinakohl

2 Portionen

Vorbereitung: 20 Minuten

Kochzeit: 25 Minuten

- $^1/_4$ l Gemüsebrühe
- 125 Langkornreis
- 1 kleiner Kopf Chinakohl oder $^1/_2$ kleiner Wirsingkopf
- 1 kleine gelbe Paprikaschote
- 100 g Kirschtomaten
- 125 Erbsen (TK-Produkt)
- 2 EL Koriandergrün, gehackt
- 2 EL Sojasauce

1. Die Gemüsebrühe zum Kochen bringen, den Reis darin zugedeckt bei schwacher Hitze ausquellen lassen.

2. Den Chinakohl oder Wirsing putzen, waschen und abtropfen lassen. Die äußeren Blätter beiseite legen, den Mittelteil in feine Streifen schneiden.

3. Die Paprikaschote und die Kirschtomaten waschen, halbieren und in feine Streifen schneiden. Mit den Erbsen, dem Koriandergrün, dem feingeschnittenen Chinakohl und dem Reis mischen.

4. Ein Dampfkörbchen mit den Kohlblättern auslegen, die Reis-Gemüse-Mischung daraufgeben.

5. Etwa $^3/_4$ Liter Wasser in einem Topf oder Wok aufkochen, das Dampfkörbchen hineinstellen.

6. Das Gericht zugedeckt etwa 15 bis 20 Minuten dämpfen und mit Sojasauce überzogen servieren.

三樣采

Nudeln mit Tomaten-Pilz-Ragout

2 Portionen

Vorbereitung: 20 Minuten

Kochzeit: 20 Minuten

- 100 g chinesische Eiernudeln
- 25 g Tongupilze, getrocknet
- 2 Zwiebeln
- 2 Knoblauchzehen
- 750 g Tomaten
- 1/2 l Öl zum Fritieren
- 100 ml Gemüsebrühe
- schwarzer Pfeffer, gemahlen
- Salz
- 2 EL Koriandergrün, gehackt

1. Die Eiernudeln kurz laut Packungsanweisung und die Pilze getrennt in reichlich warmem Wasser etwa 20 Minuten einweichen. Anschließend die abgetropften Pilze in Streifen schneiden, dabei die harten Stiele entfernen.

2. Die Zwiebeln und die Knoblauchzehen schälen und fein hacken. Die Tomaten mit kochendem Wasser überbrühen, häuten und kleinschneiden.

3. Das Öl in einer hohen Pfanne erhitzen. Die abgetropften Nudeln auseinanderpflücken und portionsweise etwa 1 Minute im heißen Öl fritieren. Herausnehmen, auf Küchenkrepp abtropfen lassen und zugedeckt warm stellen.

4. Das Öl bis auf 2 Eßlöffel abgießen. Die Zwiebeln und den Knoblauch darin kurz braten, die Tongupilze dazugeben und mitbraten.

5. Die Gemüsebrühe und die Tomaten unterrühren, alles noch einmal aufkochen und mit Pfeffer, Salz und fein gehacktem Koriandergrün würzen. Mit den Nudeln servieren.

Zwiebel-Pilz-Reis mit Eiern

2 Portionen

Vorbereitung: 20 Minuten

Kochzeit: 20 Minuten

10 g chinesische Pilze, getrocknet
1/8 l Gemüsebrühe
2 EL Sojasauce
1 EL Austernsauce
Sichuanpfeffer
125 g Tofu
125 g Langkornreis
Salz
1 Bund Frühlingszwiebeln
3 Eier

1. Die Pilze etwa 20 Minuten in warmem Wasser einweichen. Anschließend abtropfen lassen und kleinschneiden.
2. Die Gemüsebrühe, die Sojasauce, die Austernsauce und den Sichuanpfeffer vermischen. Den Tofu in kleine Würfel schneiden und in der Marinade ziehen lassen.
3. Den Reis in reichlich Salzwasser garen. Die Frühlingszwiebeln putzen, waschen und in schräge Ringe schneiden.
4. Die kleingeschnittenen Pilze mit dem Einweichwasser, den marinierten Tofuwürfeln und die Marinade in einem Topf geben und darin aufkochen. Die Frühlingszwiebeln dazugeben und mitkochen.
5. Die Eier verquirlen, langsam in die kochende Brühe gießen und unter Rühren stocken lassen. Das Gericht auf dem Reis servieren.

一面吃一面談

Gemüsebällchen mit Hühnercreme

4 Portionen

Vorbereitung:
30 Minuten

Kochzeit:
15 Minuten

400 g Möhren
1 Zucchino
1 kleiner weißer Rettich
1 kleine Honigmelone
1/4 l Gemüsebrühe
3 EL Erdnußöl
2 Hähnchenbrustfilets
4 Eiweiß
2 EL Speisestärke
je 1 Prise Muskatpulver, Cayennepfeffer, Ingwerpulver und Nelkenpulver
Pfeffer, gemahlen
Salz
1 Bund Schnittlauch

1. Das Gemüse putzen, waschen und daraus Kugeln ausstechen. Die Melone halbieren, die Kerne entfernen und ebenfalls Kugeln ausstechen.
2. Die Gemüsebrühe zum Kochen bringen und die Gemüse- und Melonenkugeln darin bißfest garen.
3. Das Erdnußöl in einer Pfanne erhitzen, die Kugeln darin unter Rühren braten und herausnehmen.
4. Das Hähnchenbrustfilet durch die feine Scheibe des Fleischwolfes drehen. Mit den Eiweißen, der Speisestärke und der Brühe mischen und mit den Gewürzen kräftig abschmecken.
5. Die Fleischmasse in die Pfanne geben und unter Rühren so lange erhitzen, bis eine sämige Sauce entsteht.
6. Die Gemüse- und Melonenkugeln anrichten, mit der Sauce überziehen und mit Schnittlauchröllchen bestreuen.

請用

Chinakohl mit Tofu

4 Portionen

Vorbereitung: 15 Minuten

Kochzeit: 10 Minuten

- 500 g Chinakohl
- 20 g Frühlingszwiebeln
- 5 g Ingwer
- 300 g Tofu
- 8 EL Erdnußöl
- 150 ml Geflügelbrühe
- 3 EL Reiswein
- 2 EL Zucker
- 1 TL weißer Pfeffer
- 1 EL Salz
- 1 Prise Glutamat
- 1 EL Speisestärke
- 3 EL Möhrenöl

1. Den Chinakohl putzen, waschen und in grobe Streifen schneiden. Die Streifen in 3 Zentimeter große Stücke schneiden. Die Kohlstücke in kochendes Wasser geben und 5 Minuten darin kochen. Herausnehmen und abtropfen lassen.

2. Das Weiß der Frühlingszwiebeln putzen und in Stücke schneiden. Den Ingwer schälen und in feine Streifen schneiden. Den Tofu würfeln.

3. Das Erdnußöl in einer Pfanne erhitzen, die Frühlingszwiebeln und den Ingwer darin kurz braten. Die Geflügelbrühe und den Reiswein angießen und aufkochen lassen.

4. Die gekochten Chinakohlstücke und die Tofuwürfel dazugeben und 5 Minuten darin schmoren lassen. Das Gericht mit Zucker, Pfeffer, Salz und Glutamat abschmecken.

5. Die Speisestärke mit wenig Wasser glattrühren, zum Gericht geben und alles aufkochen lassen. Zuletzt mit dem Möhrenöl verfeinern.

可口可味.

Gemüsesalat

4 Portionen

Vorbereitung: 30 Minuten

Kochzeit: 10 Minuten

- 500 g gemischtes Gemüse (Möhren, Frühlingszwiebeln, grüne Bohnen, Kohl, Sojabohnenkeimlinge, Zucchini)
- 1 Gemüsezwiebel
- 3 Knoblauchzehen
- 125 ml Erdnußöl
- 1 EL Sesamöl
- 1/2 TL Kurkumapulver
- 2 EL Essig
- Salz
- 2 EL Sesamsamen

1. Alles Gemüse entsprechend putzen, waschen und in feine Streifen schneiden.
2. Die Gemüsestreifen in Salzwasser 2 Minuten blanchieren, abtropfen lassen.
3. Die Zwiebel und die Knoblauchzehen schälen und in Scheiben schneiden.
4. Die beiden Öle in einer Pfanne erhitzen. Kurkumapulver, Zwiebel und Knoblauch darin goldbraun braten. Das Öl abgießen. Die abgekühlte Masse über das Gemüse geben und vorsichtig mischen.
5. Den Salat mit Essig und Salz würzen. Den Sesam goldbraun rösten und über den Salat streuen.
(auf dem Foto: links)

Apfelsalat mit Erdnüssen

4 Portionen

Vorbereitung: 30 Minuten

Kochzeit: 10 Minuten

- 2 saure Äpfel
- 1 TL Salz
- 3 Knoblauchzehen
- 4 Frühlingszwiebeln
- 200 g Schweinefilet
- 1 EL Erdnüsse, geröstet
- 1 EL Erdnußöl
- 1 EL Garnelenpulver
- 1 EL Fischsauce
- 1 TL brauner Zucker
- schwarzer Pfeffer, gemahlen

1. Die Äpfel waschen, schälen, vierteln, entkernen und in dünne Scheiben schneiden. In einer Schüssel mit dem Salz bestreuen.
2. Den Knoblauch schälen, die Zwiebeln putzen, beides in Scheiben schneiden.
3. Das Schweinefleisch schnetzeln. Die Erdnüsse im Mörser zerstoßen.
4. Das Erdnußöl erhitzen. Den Knoblauch und die Frühlingszwiebeln darin braten, herausnehmen und abkühlen lassen.
5. Schweinefleisch, Erdnüsse und Gewürzzutaten im verbliebenen Öl kurz braten, ebenfalls abkühlen lassen.
6. Alle Zutaten mischen, den Salat nochmals abschmecken.
(auf dem Foto: rechts)

定

Verführerische Desserts und Kuchen

In China ist es üblich, als Abschluß eines Mahls nochmals Reis und Tee zu servieren; ein Dessert am Ende einer Menüfolge ist dagegen unbekannt. Süßspeisen werden als Auflockerung zwischen den einzelnen Gängen oder als Zwischenmahlzeiten zu verschiedenen Tageszeiten gereicht. Krönender Abschluß eines Essens mit Freunden und Angehörigen kann vor allem an Festtagen ein Stück Kuchen sein. An Neujahr werden zum Beispiel kleine, mit Schriftzeichen verzierte Kuchen gereicht, die Glück, Wohlstand oder Frieden symbolisieren.

Gefüllte Melone

2 Portionen	1 kleine Melone
	1 EL Zucker
Vorbereitung:	2 EL Reiswein oder Sherry
30 Minuten	200 g gemischte Früchte (Birne, Pfirsich, Kiwi, Litschis)
Kühlzeit:	kandierte Früchte oder kandierter Ingwer
2 Stunden	

1. Die Melone mit einem silberen Löffel aushöhlen. Das Melonenfleisch zuckern und mit dem Reiswein oder Sherry beträufeln.

2. Die Birne schälen, vierteln, entkernen. Den Pfirsich mit heißem Wasser überbrühen, häuten und das Fruchtfleisch vom Stein lösen. Die Kiwi schälen und halbieren. Das vorbereitete Obst in Scheiben schneiden. Die frischen Litschis aus der Schale brechen, Dosenware abtropfen lassen.

3. Anschließend die Früchte mit dem Melonenfleisch mischen und einige kandierte Früchte oder kandierten Ingwer hinzufügen.

4. In die Melone füllen und vor dem Servieren 2 Stunden in den Kühlschrank stellen.

畫龍點睛

Scharfer Früchte-Reis-Salat

4 Portionen

Vorbereitung: 30 Minuten

Kühlzeit: 30 Minuten

1 Mango
1 Papaya
1 Banane
4 Scheiben Ananas
200 g Erdbeeren
200 g gekochter Reis

Für die Sauce:

3 EL Erdnußöl
4 EL Zucker
$^1/_8$ l Weißwein
125 g Crème fraîche
Saft einer Zitrone
1 TL Sichuanpfeffer, gemahlen

1. Die Mango schälen, das Fruchtfleisch vom Kern lösen. Die Papaya halbieren, entkernen und das Fruchtfleisch mit einem Löffel herauslösen. Die Banane schälen.

2. Das vorbereitete Obst sowie die Ananas kleinwürfeln.

3. Die Erdbeeren waschen, halbieren oder vierteln.

4. Den Reis und die Früchtewürfel in eine Schüssel geben und vorsichtig miteinander mischen.

5. Für die Sauce das Erdnußöl erhitzen und den Zucker darin leicht karamelisieren lassen.

6. Mit dem Weißwein loskochen, die Crème fraîche und den Zitronensaft dazugeben und alles zu einer sämigen Sauce verkochen. Mit Sichuanpfeffer scharf abschmecken.

7. Den Reissalat vor dem Servieren mindestens 30 Minuten im Kühlschrank ziehen lassen.

TIP *Sie können dieses Gericht als Dessert, mit geschlagener Sahne garniert, oder als Zwischengang servieren.*

多吃點飯.

Obstsalat gebraten

4 Portionen

Zubereitungszeit:
30 Minuten

1 Papaya
1 kleine Honigmelone
1 kleine Ananas
1 Banane
1 kleine Dose Litschis

Für die Sauce:
2 EL Erdnußöl
120 g Honig
2 Ingwernüsse, in Sirup eingelegt
$^1/_8$ l Weißwein
50 ml Orangenlikör
1 Päckchen Vanillezucker
100 g Mandeln, gehackt

1. Die Papaya und die Melone halbieren, entkernen und schälen. Die Ananas schälen, halbieren und den Strunk herausschneiden. Das vorbereitete Obst in Schnitzel schneiden.
2. Die Banane schälen und in 2 Zentimeter dicke Scheiben schneiden. Die Litschis gut abtropfen lassen.
3. Für die Sauce das Erdnußöl, den Honig und die feingehackten Ingwernüsse so lange in einer Pfanne erhitzen, bis sich ein leichter Karamel bildet.
4. Die Fruchtstücke dazugeben und kurz darin schwenken. Anschließend die Pfanne von der Herdplatte ziehen, den Weißwein, den Orangenlikör und den Vanillezucker unterrühren und das Dessert erkalten lassen.
5. Die Fruchtstücke anrichten, mit der Sauce überziehen und mit den Mandeln bestreut servieren.

絕無僅有.

Gebratene Bananen

2 Portionen

Zubereitungszeit:
15 Minuten

2 Bananen
50 g Rosinen
50 ml Orangenlikör
2 EL Erdnußöl
1/2 TL Zimtpulver
1/2 TL Ingwerpulver
1 Prise Kardamompulver
50 g Maraschinokirschen

TIP *Servieren Sie zu diesem „heißen Dessert" Vanilleeis.*

1. Die Bananen schälen und der Länge nach halbieren.

2. Die Rosinen in Orangenlikör einweichen.

3. Das Erdnußöl in einer Pfanne erhitzen und die Bananenhälften darin etwa 5 Minuten kroß braten. Anschließend mit Zimt-, Ingwer- und Kardamompulver bestreuen.

4. Die Maraschinokirschen kleinschneiden und mit den eingeweichten Rosinen mischen.

5. Die gebratenen Bananen anrichten, mit der Rosinenmischung dekorativ umlegen und servieren.

飯後走百步
強於開樂鋪

A PALACE

Ananassorbet mit Ingwernüssen

4 Portionen

Zubereitungszeit:
1 Stunde

- 1 Ananas
- 4 Ingwernüsse, in Sirup eingelegt
- 100 g Mandelsplitter
- 3 EL Honig
- 2 Eiweiß
- 6 EL Puderzucker
- $^1/_2$ TL Ingwer, gemahlen

Zum Garnieren:

- 200 g Sahne
- 1 Päckchen Vanillezucker
- 2 EL kandierte Früchte, gehackt

1. Die Ananas schälen, halbieren, den Strunk herausschneiden und das Fruchtfleisch grob zerkleinern.

2. Zusammen mit den Ingwernüssen pürieren oder durch die feine Scheibe des Fleischwolfs drehen.

3. Mit den Mandelspittern und dem Honig vermischen. In der Tiefkühltruhe unter häufigem Umrühren leicht erstarren lassen.

4. Die Eiweiße sehr steif schlagen. Den Puderzucker und den Ingwer miteinander mischen und in den Eischnee rieseln lassen.

5. Den Eischnee vorsichtig unter das Fruchtmus heben und erneut in der Tiefkühltruhe erstarren lassen. Dabei häufig umrühren.

6. Die Sahne steif schlagen und mit dem Vanillezucker süßen. Das Sorbet auf kleinen Tellern anrichten, mit der Sahne und den kandierten Früchten verzieren und sofort servieren.

畫龍點睛

Ananas-Quark-Creme

4 Portionen

Zubereitungszeit:
45 Minuten

- 200 g Magerquark
- 120 ml weißer Rum
- 8 Blatt weiße Gelatine
- 500 g Ananas
- 50 g Zucker
- 1 Päckchen Vanillezucker
- 1 EL Orangenschale, gerieben
- 1 TL Zimt
- 1 Msp. Nelkenpulver
- 200 g Sahne

Zum Garnieren:

- 2 EL kandierte Früchte

1. Den Quark mit dem Rum glattrühren. Die Gelatineblätter laut Packungsanweisung einweichen.
2. Die Ananas schälen, halbieren, den Strunk herausschneiden und das Fruchtfleisch grob zerkleinern. Dosenware vorher gut abtropfen lassen. Anschließend die Ananas fein hacken oder pürieren.
3. Den Zucker, den Vanillezucker, die Orangenschale, den Zimt und das Nelkenpulver mit dem Püree vermischen und erhitzen.
4. Die Gelatine darin auflösen und alles mit dem Quark vermischen. Die Mischung anschließend vollkommen abkühlen lassen.
5. Die Sahne steif schlagen und unter die Ananas-Quark-Mischung heben.
6. Die fertige Creme in mit Wasser ausgespülte Gläser füllen und erkalten lassen. Mit den kandierten Früchten bestreut servieren.

Dattel-Mandel-Bällchen

4 Portionen

Zubereitungszeit:
2 Stunden

Für den Teig:

$^1/_8$ l Wasser
$^1/_8$ l Milch
1 Päckchen Hefe
1 EL Zucker
1 Prise Salz
400 g Weizenmehl
1 EL Sesamöl

Für die Füllung:

2 EL Butter oder Margarine
100 Datteln, entsteint
100 g Mandeln, gehackt
4 Ingwernüsse, in Sirup eingelegt
40 ml Sherry
3 EL Honig
1 TL Zimt
$^1/_2$ TL Kardamom
1 Msp. Nelkenpulver

Außerdem:

Fett zum Ausbacken
1 EL Zimt
5 EL Zucker

1. Das Wasser und die Milch erwärmen. Die Hefe in die Flüssigkeit bröckeln. Zucker und Salz dazugeben. Diesen Ansatz 5 Minuten stehenlassen.
2. Anschließend mit dem Mehl und dem Sesamöl zu einem Teig verarbeiten. Diesen zugedeckt an einem warmem Ort etwa 1 Stunde gehen lassen.
3. Den Teig kräftig verkneten und weitere 30 Minuten gehen lassen. Den Teig vor der weiteren Verwendung nochmals kneten.
4. Für die Füllung die Butter in einer Pfanne auslassen und die kleingeschnittenen Datteln kurz darin braten. Die Mandeln und die feingeschnittenen Ingwernüsse dazugeben und kurz mitbraten.
5. Mit dem Sherry aromatisieren und mit Honig, Zimt, Kardamom und Nelkenpulver abschmecken.
6. Aus dem Hefeteig kleine Bällchen formen, flachdrücken, mit etwas Dattel-Mandel-Mischung füllen und wieder gut verschließen.
7. Die Bällchen in schwimmendem Fett ausbacken und mit einer Mischung aus Zimt und Zucker bestreuen.

Nußpudding mit Fruchtsauce

4 Portionen

Zubereitungszeit:
1 Stunde

Für den Nußpudding:

100 g Butter oder Margarine
100 g Zucker
4 Eigelb
250 g Nüsse, gerieben
4 Ingwernüsse, in Sirup eingelegt
1 TL Zitronenschale, gerieben
1 EL Orangenschale, gerieben
1 Päckchen Vanillezucker
200 g Zwieback, feingerieben
40 ml Orangenlikör
4 Eiweiß
Fett zum Ausfetten

Für die Sauce:

2 EL Butter oder Margarine
3 EL Zucker
1 kleine Dose Fruchtcocktail aus exotischen Früchten
2 EL Honig
40 ml Orangenlikör

1. Die Butter und den Zucker schaumig schlagen. Mit Eigelb, Nüssen, sehr fein gehackten Ingwernüssen, Zitronen- und Orangenschale mischen.
2. Den Vanillezucker mit den Zwiebackbröseln vermischen, in einer Pfanne leicht rösten und unter die Nußmasse rühren.
3. Mit dem Orangenlikör aromatisieren. Die Eiweiße sehr steif schlagen und unter die Masse heben.
4. Die Masse in gefettete Auflaufförmchen füllen und im Wasserbad etwa 20 bis 30 Minuten kochen.
5. Inzwischen die Butter in der Pfanne auslassen und den Zucker darin leicht karamelisieren lassen.
6. Mit dem Saft des Fruchtcocktails loskochen, die Früchte und den Honig dazugeben und alles mit dem Orangenlikör aromatisieren.
7. Den Pudding vorsichtig aus den Förmchen stürzen und mit der Fruchtsauce garnieren.

嘉羞

Hefebällchen mit kandierten Früchten

4 Portionen

Zubereitungszeit:
100 Minuten

Für den Teig:
500 g Mehl
$^1/_4$ l lauwarme Milch
75 g Zucker
1 Prise Salz
1 Päckchen Trockenhefe
50 g zerlassene Butter
1 Ei
1 EL Zitronenschale, gerieben
100 g Walnüsse, gehackt

Für die Füllung:
je 50 g kandierte Datteln, Kirschen, Orangen
einige Tropfen Reiswein
1Msp. Ingwerpulver

Außerdem:
Zuckerwasser

1. Das Mehl in eine Schüssel sieben und mit den restlichen Zutaten zu einem geschmeidigen Teig kneten. Diesen zugedeckt 30 Minuten gehen lassen.
2. Den Teig kräftig verkneten und erneut 30 Minuten gehen lassen. Anschließend auf einer bemehlten Arbeitsfläche kräftig durchkneten.
3. Für die Füllung die kandierten Früchte fein würfeln und miteinander mischen. Den Reiswein und das Ingwerpulver unterrühren.
4. Aus dem Hefeteig kleine Bällchen formen, flachdrücken, etwas Füllung daraufgeben und die Bällchen wieder gut verschließen.
5. Die Bällchen in einen Dampfkorb legen und nochmals eine kurze Zeit gehen lassen. Den Dampfkorb anschließend in einen Topf mit leicht gesüßtem Wasser setzen und die Bällchen 20 bis 30 Minuten dämpfen.

好吃,很好吃.

Klebreiskuchen

4 Portionen

Zubereitungszeit:
2 Stunden
(zusätzlich
2 bis 3 Tage
Ruhezeit)

- 450 g Klebreismehl
- 150 g Reismehl
- 100 g Zucker
- 5 EL Schweineschmalz
- Rosinen nach Belieben
- Öl zum Ausfetten
- 2 EL Sesamkörner

1. Die beiden Mehlsorten mit etwa $^{1}/_{4}$ Liter Wasser zu einem glatten Teig kneten.
2. Den Zucker mit 360 Milliliter Wasser aufkochen, bis sich der Zucker vollständig aufgelöst hat. Anschließend erkalten lassen.
3. Den Teig mit dem Zuckersirup, dem Schweinschmalz und den Rosinen mischen.
4. Reisschalen mit Öl auspinseln und mit Klarsichtfolie auslegen. Die Schälchen zur Hälfte mit Teig füllen, die Sesamkörner darüberstreuen. Anschließend 1 $^{1}/_{2}$ Stunden dämpfen.
5. Den Klebreiskuchen 2 bis 3 Tage stehen lassen, bis die Restfeuchtigkeit verdampft ist. Danach in Stücke schneiden und servieren.

畫龍點睛

Chinesische Kuchen

4 Portionen

Zubereitungszeit:
40 Minuten

150 g Mehl
1 Ei
5 EL Zucker
Mehl zum Bestreuen
150 g Rote-Bohnen-Paste
1 Eigelb
1 TL schwarze Sesamkörner
1 TL weiße Sesamkörner
eventuell Öl zum Ausbacken

1. Das Mehl, das Ei und den Zucker in einer Schüssel miteinander verrühren. 120 Milliliter heißes Wasser portionsweise zugeben und alles zu einem glatten Teig verkneten.
2. Den Teig auf einem bemehlten Backblech ausrollen (24 cm x 12 cm). Die Teigmitte mit der Rote-Bohnen-Paste bestreichen. Den Teig zusammenklappen, die Teigränder kräftig zudrücken.
3. Die Teigoberseite mit Eigelb bestreichen und mit schwarzen und weißen Sesamkörnern bestreuen.
4. Den Kuchen bei mittlerer Hitze 10 bis 15 Minuten backen oder in einer Pfanne in reichlich Öl 6 bis 8 Minuten braten. Zwischendurch mehrmals wenden.

茶余酒後.

Kleine Überraschungskuchen

12 Stück

Zubereitungszeit:
1 Stunde

Für den Teig:
250 g Mehl
$^1/_2$ TL Anispulver
1 Msp. Kardamompulver
1 Msp. Nelkenpulver
1 Msp. Salz
75 g brauner Zucker
3 Eier
2 EL Öl

Außerdem:
kleine Glücksfiguren oder Briefchen mit Sinnsprüchen
Fett zum Ausbacken

1. Das Mehl auf eine Arbeitsfläche sieben, das Anis-, das Kardamom- und das Nelkenpulver sowie das Salz und den braunen Zucker dazugeben.
2. Eine Mulde in das Mehl drücken und die Eier hineingeben.
3. Alle Zutaten mit bemehlten Händen von außen nach innen zu einem kompakten Teig verkneten.
4. Den Teig auf einer bemehlten Arbeitsfläche dünn ausrollen und Quadrate ausschneiden. Jedes Quadrat mit einer Glücksfigur oder einem Briefchen versehen, anschließend die Ecken in der Mitte übereinanderschlagen.
5. Das Fett in einem großen Topf erhitzen und die Kuchen darin goldgelb ausbacken. Anschließend herausnehmen und auf Küchenkrepp gut abtropfen lassen.

舉世皆知.

HEUTE KÖNNTE EIN
ERFREULICHER TAG WERDEN.
ÜBERSTÜRZ NICHTS!

Reiscreme mit Mandarinen und Litschis

4 Portionen

Zubereitungszeit:
2 Stunden

$^1/_2$ l Milch
1 Prise Salz
4 EL Zucker
1 Päckchen Vanillezucker
100 g Milchreis
3 in Sirup eingelegte Ingwernüsse
100 g geriebene Walnüsse
1 Becher Crème fraîche

Für die Sauce
2 EL Erdnußöl
2 El Zucker
$^1/_2$ Tasse Sherry
1 kleine Dose Mandarinenfilets
100 g Litschis

TIP: *Frische Früchte sind der Dosenware immer vorzuziehen, denn frische Litschis sind ein Gedicht. Dabei wird die Außenschale entfernt und das weiße Fruchtfleisch vom Kern gelöst. Mandarinenfilets schneidet man mit einem scharfen Messer aus der sorgfältig geschälten Mandarine.*

1. Die Milch in einen Topf mit dem Salz, dem Zucker und dem Vanillezucker erhitzen.
2. Anschließend den Milchreis dazugeben und bei sehr niedriger Temperatur mindestens 1 Stunde lang ausquellen lassen.
3. Die feingehackten Ingwernüsse, die geriebenen Walnüsse und die Crème fraîche unterrühren und weitere 10 Minuten köcheln lassen.
4. In dekorative Gläser füllen und erkalten lassen.
5. Für die Sauce das Öl in einer Pfanne erhitzen und den Zucker darin leicht karamelisieren lassen.
6. Dann mit dem Sherry und dem Mandarinensaft aus der Dose den Zucker loskochen.
7. Die Früchte dazugeben und kurz erhitzen.
8. Über die Reiscreme geben und sofort servieren.

Anhang

Glossar

Abkürzungen in diesem Buch
EL = Eßlöffel
g = Gramm
kg = Kilogramm
ml = Milliliter
Msp. = Messerspitze
TK-Produkt = Tiefkühlprodukt

A

Austernsauce
Diese dickflüssige Würzsauce wird aus Austern, fermentierten Fischen und Muscheln hergestellt. Sie eignet sich zum Würzen von Fisch, Fleisch und Geflügel.

B

Bambussprossen
Junge, unverholzte Schößlinge des Bambus. Bei uns werden sie meist geschnitten oder im ganzen in Dosen angeboten. Frische Bambussprossen müssen zuvor vorgekocht (blanchiert) werden.

Bohnensauce
Braune Paste aus fermentierten gelben Sojabohnen, Weizenmehl, Salz und Wasser. Im Handel sind gezuckerte und scharfe Varianten erhältlich.

C

Chiliöl
Man kann das Öl fertig kaufen oder aus Chilischoten, Sichuanpfeffer, Ingwer, Frühlingszwiebeln, Staudensellerie und brodelndheißem Speiseöl selbst herstellen. Nach etwa 3 Stunden kann man alles abseihen.

Chilischoten
Sie werden auch als Chilies oder Pfefferschoten bezeichnet. Man erhält sie in verschiedenen Größen und Reifegraden, wobei die kleinen roten Schoten am schärfsten sind. Die intensivste Schärfe besitzen die Kerne und Häute.

Chinakohl
Diese Kohlart ist in China neben dem Rettich das meist angebaute Gemüse. Chinakohl schmeckt mild, knackig-frisch und ganz dezent kohlartig. Er ist sehr gut bekömmlich und läßt sich auf vielerlei Art zubereiten.

Chinesische Eiernudeln
Man erhält diese Nudelsorte meist in Quader gepreßt oder zu kleinen Bündeln zusammengelegt. Stattdessen kann man auch herkömmliche Eiernudeln verwenden.

D

Dämpfen
Garmethode, bei der das Gargut in einem gut verschlossenen Topf (z. B. einem Wok oder einer Pfanne mit Deckel) im Wasserdampf gegart wird. Hierzu legt man die Speisen auf einen Dampfkorb (siehe dort) oder einen Teller und stellt diese in den Topf, ohne daß das Gargut mit dem Wasser in Berührung kommt. Einen Teller stellt man am besten auf eine Reisschale oder eine breite Tasse.

Dampfkorb
Küchengerät aus Bambus, Metall oder Holz mit kleinen Öffnungen am Topfboden, das zum Dämpfen (siehe dort) verwendet wird. In einem Bambuskorb legt man unter die Speisen einige Gemüseblättern oder einen Teller.

E

Erdnußöl
Geschmacksneutrales, hitzestabiles Öl, das sich zum Braten und Fritieren eignet.

Eßstäbchen
Die Eßstäbchen sind auf unserer Erde das meistbenutzte Besteck. Besser als Gabel oder Löffel erlauben sie, die Geschmacksvielfalt chinesischer Gerichte zu erschmecken. Zutaten lassen sich einzeln ergreifen. Weil mit Stäbchen langsamer und gezielter gegessen wird, werden die Speisen in der Regel besser durchgekaut und damit auch leichter verdaut.
Übrigens: die Chinesen verwenden die Stäbchen auch als Kochbesteck.

F

Fischsauce
Diese klare, braune Sauce wird aus fermentierten Shrimps und Fischen hergestellt. Sie dient meist als Salzersatz.

Fritieren
Garmethode, bei der die Zutaten in schwimmendem Fett ausgebacken werden. Man

Glossar

kann die Speisen entweder im sehr heißem Fett fritieren (häufiger) oder ins kalte Fett geben und beides langsam erhitzen.

Frühlingszwiebeln
Diese Zwiebeln sehen aus wie kleine Lauchstangen und werden bei uns das ganze Jahr über in kleinen Bunden angeboten. Im Gegensatz zum Lauch können nicht nur die weißen, sondern auch die grünen Teile verwendet werden.

Fünf-Gewürz-Pulver
Es steht stellvertretend für eine Vielzahl chinesischer Gewürzmischungen. Sie bestehen meist aus Sternanis, Sichuanpfeffer, Zimt, Nelken und Süßholzwurzel, aber auch aus Fenchel, Kardamom, Koriander, Piment und Pfeffer. Sie variieren je nach Hersteller im Geschmack.

G

Gewürzmischung
Die Zusammensetzung besteht aus ganzen, getrockneten Gewürzen. Sie ist ähnlich zusammengesetzt wie das Fünf-Gewürz-Pulver. Es ist häufig auch als Gewürzmischung für Ente im Handel. Sollten Sie sie nicht bekommen, mischen Sie Sternanis, Sichuanpfefferkörner, getrocknete Nelken, Mandarinenschalen, Fenchelsamen, Zimt, Ingwerwurzel und Süßholzwurzel.

Glasnudeln
Geschmacksneutrale Nudeln aus gemahlenen Mungobohnen. Sie werden entweder eingeweicht und mitgegart oder im Rohzustand in heißem Öl fritiert.

Glutamat (Vet Sin)
Weißes Pulver ohne Eigengeschmack, das die Geschmacksintensität anderer Zutaten verstärkt. Der Geschmacksverstärker darf nur sehr sparsam angewendet werden.

H

Hoisinsauce
Dickflüssige Würzsauce mit süß-scharfem Geschmack. Sie besteht aus Sojabohnen, Weizenmehl, Salz, Zucker, Essig, Knoblauch, Chilischoten und Sesamöl.

I

Ingwer
Die Ingwerwurzel ist äußerst aromatisch und scharf. Zum Würzen sollte man nur frische, junge Ingwerwurzeln verwenden. Getrocknet wird er als Ingwerpulver angeboten. In Sirup eingelegten Ingwer sollte man nur für süß-saure Gerichte verwenden.

K

Kao-Liang-Schnaps
Schnaps aus einer Hirseart, die in Nordostchina angebaut wird. Er wird zum Verfeinern der Speisen benutzt.

Klebreis
Dieser Reis wird nach dem Kochen sehr klebrig und ist deshalb nur für Süßspeisen, Füllungen und Gebäck geeignet.

Koriander (Cilantro)
Dieses Würzkraut wird auch chinesische Petersilie genannt. Es hat einen ausgeprägten Geschmack und wird ähnlich wie Blattpetersilie verwendet. Neben den Blättern werden auch die Samen oder Korianderpulver verwendet.

L

Litschis (Lychees)
Erdbeergroße Früchte des Litschibaumes. Vor der Verwendung muß man die feste Schale entfernen, die Früchte halbieren und den Kern herauslösen. Die Früchte werden frisch oder in Dosen angeboten.

Lotus (Wasserlilie)
Die Wurzeln, Blätter und Samen kommen meist nur in getrockneter Form auf den Markt. Man kann sie für alle Gemüse- und Fleischsorten verwenden.

M

Mangos
Diese äußerst saftige Tropenfrucht hat ein gelbes, süßes Fleisch, das in der China-

Glossar

küche vor allem für Süßspeisen verwendet wird. Rote Mangos sollte man kurz vor dem Verzehr in den Kühlschrank legen. Verzichten Sie bis zu zwei Stunden nach dem Verzehr auf Milch oder Alkohol, da sonst heftige Magenbeschwerden auftreten können.

Möhrenöl
Das Öl wird wie Sesamöl zum Verfeinern benutzt. Bei der Herstellung werden von 500 g Möhren 150 g abgeschabt. Die Masse wird anschließend in 1/2 Reisschale Öl 3 Minuten fritiert. Danach siebt man die Möhrenmasse ab.

P

Pflaumensauce
Süßlich schmeckende Sauce, die aus pürierten Pflaumen und Aprikosen, Fünf-Gewürz-Pulver, Chili, Essig, Knoblauch und Zucker hergestellt wird. Sie ist die typische Beigabe zu Pekingente.

R

Reis, chinesisch gekocht
Für 2 Personen rechnet man 100 g Langkornreis. Den Reis waschen, mit 350 ml kaltem Wasser kurz aufkochen lassen und zugedeckt bei kleinster Hitze 20 Minuten quellen lassen. Von der Herdplatte ziehen und etwa 10 Minuten zugedeckt ziehen lassen. Mit einer Gabel auflockern und leicht salzen.

Reisblätter
Man weicht die (in verschiedene Größen erhältlichen) Blätter vor der Zubereitung einzeln in Wasser ein und läßt sie auf Küchenkrepp abtropfen. Sie werden ausschließlich für Teigtaschen verwendet.

Reisnudeln
Wasser, Reismehl und Weizenmehl sind die Zutaten für die glasig-weiß aussehenden Reisnudeln. Diese müssen nur ganz kurz gekocht oder in heißem Öl fritiert werden.

Reiswein
Dieses Spirituose wird aus Klebreis, Hefe und Wasser zubereitet. Er ist auch unter dem Namen Shaoxingwein (Shao Hsing) im Handel. Ersatzweise kann man statt Reiswein einen trockenen Sherry verwenden.

Rotschmoren
Bei dieser Garmethode wird das Gargut angebraten und mit einer Mischung aus Sojasauce, Essig und Zucker bestrichen. Anschließend wird es mit Flüssigkeit abgelöscht und zugedeckt geschmort.

S

Sa-Cha-Chiang-Sauce
Würzige Sauce aus Nußöl, Wasser, Knoblauch, Schalotten, getrockneten Garnelen, Salz, Zucker und Chili.

Sambal oelek
Die sehr scharfe Würzpaste wird aus getrocknete Chilischoten, Essig und Salz hergestellt; sie ist ein guter Ersatz für frische Chilischoten.

Schmoren
Geschmort werden hauptsächlich größere Fleischteile. Diese köcheln bei geringer Hitzezufuhr so lange in einem Würzsud, bis die Flüssigkeit so stark eingedickt ist, daß sie am Fleisch haften bleibt und einen glänzenden Überzug erzeugt.

Schwarze Bohnen
Fermentierte gelbe Sojabohnen, die mit Salz und Ingwer konserviert sind. Sie müssen vor der Verwendung etwa 2 Stunden in kaltem Wasser quellen.

Sesamöl
Öl aus hellen und dunklen Sesamkörnern. Da Sesamöl in China sehr teuer ist, benutzt man es nur zum Verfeinern.

Sesampaste
Paste aus feingemahlenen Sesamsamen. Man muß sie vor Gebrauch gut verrühren, da sich das ausgetretene Sesamöl entmischt.

Sichuanpfeffer
Das Gewürz wird aus einer roten Beere mit scharfem Aroma gewonnen und anschliessend getrocknet und geröstet. Er ist fester Bestandteil chinesischer Gewürzmischungen.

Sojabohnenkeimlinge
Dieses Gemüse ist reich an Eiweiß, Mineralstoffen und

Glossar

Vitaminen. Es wird frisch oder in Dosen angeboten. Man kann die Keimlinge auch leicht selbst ziehen. Man weicht die grünen Mungobohnen über Nacht in Wasser ein und spült die Bohnen zweimal täglich mit frischem Wasser durch. Die Keimdauer beträgt 3 bis 4 Tage.

Sojaöl
Es ist ein geschmacksneutrales, sehr hoch erhitzbares Speiseöl und eignet sich daher sehr gut zum anbraten und fritieren.

Sojasauce
Dieses Würzmittel wird aus fermentierten gelben Sojabohnen, Weizen, Gerste, Salz, Zucker und Hefe hergestellt. Dunkle Sojasauce eignet sich für Schmorgerichte, helle Sauce für kurzgebratene Gerichte. Daneben findet man auch süße und scharfe Varinanten.

Staudensellerie
Er wird auch Stangensellerie oder Bleichsellerie genannt und ist mit dem Knollensellerie verwandt. Es werden nur die gebleichten Stangen verwendet. Diese werden sehr fein geschnitten und nur kurz gegart.

Sternanis
Es handelt sich hier um die getrocknete Frucht des Sternanisbaumes, die aussieht wie eine Blüte. Sternanis schmeckt wesentlich kräftiger als Anis und wird vorwiegend für länger gegarte oder rotgeschmorte Fleischgerichte verwendet.

Süßholzwurzeln
Die Wurzeln werden als Gewürz zum Kochen verwendet. Sie sind das Grundprodukt für Lakritz.

T

Teigblätter für Frühlingsrollen
Sie werden aus Wasser, Weizenmehl und Tapiokamehl hergestellt. Hier sollte man getrost auf Fertigprodukte zurückgreifen.

Tofu
Quarkähnliche, schnittfeste Masse, die aus geronnener Sojabohnenmilch hergestellt wird. Tofu wird frisch, getrocknet oder geräuchert angeboten.

Tongupilze (Shiitakepilze)
Frische Pilze werden vor der Verwendung mit einem feuchten Tuch abgerieben und am Stiel gekürzt. Getrocknete Pilze müssen zuerst gewässert werden. Anschließend werden die harten Stiele abgeschnitten, da man sie nicht mitessen kann.

Wan-Tan-Teigplatten
Die Teigplatten werden aus Mehl, Ei, Salz und Öl hergestellt. Fertige Teigplatten sind tiefgefroren in Asienläden erhältlich. Man verwendet sie für Frühlingsrollen.

W

Wasserkastanien
Es sind die Knollen an den Wurzelenden der Wassernuß (Trapa natans). Sie haben ein festes, weißes Fleisch und einen süßen Geschmack. Man bekommt sie bei uns meist in Dosen.

Wok
Breite, abgerundete Pfanne, die die Hitze gleichmäßig und schnell verteilt. Da der Boden sehr schnell heiß wird, eignet er sich zum schnellen Anbraten. Fertig gegarte Zutaten kann man an den flachen Topfrand schieben und gleichzeitig weitere Zutaten anbraten. Im Handel sind auch Woks mit abgeflachtem Boden erhältlich.

Wolkenohrpilze
Die Pilze sind auch unter dem Namen Mu-err oder Baumpilze bekannt. Man sollte die großen Pilze vor dem Einweichen zerkleinern. Vor der Verwendung müssen die harten Stiele entfernt werden.

Z

Zuckerschoten (Zuckererbsen)
Diese Erbsensorte wird sofort nach dem Ernten verarbeitet; sie wird mit den Schoten gegart. Das Gemüse wird im Frühjahr frisch angeboten.

Verzeichnis der chinesischen Redensarten

Unter einigen Rezepten in diesem Buch befinden sich original chinesische Schriftzeichen – sogenannte Chengyus. Das sind Redensarten, die sich mit unseren Sprichwörtern vergleichen lassen und sehr stark in die chinesische Umgangssprache einfließen. Die Chengyus stammen zum Teil aus dem Volksmund, zum Teil aus klassischen Texten und der Literatur; sie entwickeln sich auch heute noch weiter und entstehen immer wieder neu. Nachfolgend sind die kulinarischen Chengyus aus diesem Buch in Umschrift sowie deren deutsche Bedeutung in freier Übersetzung aufgeführt.

Seite 154
Bu dao Changcheng fei hao Han, bu chi kaoya zhen yihan.
Wer nie die Große Mauer besucht hat, ist kein richtiger (oder guter) Chinese, wer nie gebratene Ente gegessen hat, ist wirklich zu bedauern.

Seite 10, 124, 240
Manman chi.
Lassen Sie sich Zeit beim Essen – guten Appetit.

Seite 24, 102, 248
Fu zai chi.
Essen ist Glück.

Seite 50, 156, 218, 286
Haochi, hen haochi.
Es schmeckt gut, es schmeckt sogar sehr gut.

Seite 32, 44, 120, 238
You chi you he.
Es ist von allem da, (langen Sie ruhig zu...)

Seite 30, 68, 212, 272
Duo chi dian fan.
Essen Sie bitte noch ein bißchen mehr.

Seite 16, 60, 172, 234
Min yi shi wei tian.
Für das Volk ist das Essen (die Nahrung) der Himmel.

Seite 64, 96, 190, 254
Chuixian yudi.
Da läuft einem das Wasser im Munde zusammen.

Seite 18, 114, 224, 250
Xiangpenpen.
Wie das duftet...

Seite 26, 62, 126, 226, 264
Kekou kewei.
Sehr schmackhaft.

Seite 54, 132, 220, 280
Meiwei jiaxi.
Wahrhaft eine Delikatesse.

Seite 34, 86, 292
Jushi jie zhi.
Weltbekannt.

Seite 76, 164, 242
Jushi wushuang.
Unnachahmlich

Seite 270, 278, 288
Hua long dian jing.
Das Tüpfelchen auf dem i.

Seite 104, 178, 274
Juewu jinyou.
Einmalig.

Seite 168, 246, 276
Fan hou zou bai bu, qiang yu kai le pu.
Nach dem Essen sollst du ruh´n, oder tausend Schritte tun.

Seite 28, 106, 214, 260
Yimian chi, yimian tan.
Lassen Sie uns etwas essen und uns dabei unterhalten.

Seite 138, 166, 284
Jiaxiu.
Eine Delikatesse.

Seite 80, 110, 186, 252
Shi ri zhi yin.
Nach Herzenslust mit Freunden feiern.

Seite 290
Cha yu jiu hou.
Gemütlich bei einer guten Tasse Tee oder einem Glas Wein.

Seite 38, 92, 202, 256
Sang yang cai.
Eine vollständige Mahlzeit.

Seite 84, 158, 228
Tong zuo tong chi.
In fröhlicher Runde tafeln.

Seite 144, 176
Shi qian fangzhang.
Eine üppige Tafel.

Seite 90, 196
Shi yu chui qui.
Einen Braten auf dem Tisch und Brennholz für den Herd.

Seite 20, 162, 174, 262
Qing yong!
Bitte bedienen Sie sich!

Rezeptverzeichnis

A

Aal, gedämpfter 192
Ananas-Quark-Creme 280
Ananassorbet mit Ingwernüssen 278
Apfelsalat mit Erdnüssen 266

B

Bambusblätter mit Krabben-Fleisch-Füllung 70
Bambussprossen mit Pilzen, gebratene 226
Bananen, gebratene 276
Barsch mit Cashewkernen 196
Beschwipstes Hähnchen 50
Bohnen, scharfe grüne 232
Brokkoli, gebratene 234
Brokkoli mit Käse-Sesam-Panade 44

C

Chinakohl mit Tofu 264
Chinakohl, gedünsteter 246
Chinesische Kuchen 290
Chinesischer Rinderschmorbraten 100
Chow Mein 78
Curryreis, fruchtiger 248

D

Dattel-Mandel-Bällchen 282

E

Eierrollen mit Krabbenfüllung 42
Ente, gekochte und gebratene 154
Ente, marinierte 144
Ente in Gewürzsauce (Grundzubereitung) 146
Ente in Gewürzsauce mit Ananas 148
Ente mit Frühlingszwiebeln, scharfe 156
Ente mit Kohl, gekochte 160
Ente mit schwarzen Bohnen 148
Entenbrust mit Früchten 118
Entenstücke mit grünen Bohnen 158
Entenwürfel mit Früchten, gebratene 152

F

Feuertopf, mongolischer 120
Fisch mit Chinakohl, fritierter 184
Fisch mit Früchtesauce, marinierter 182
Fisch mit Morcheln, kantonesischer 188
Fisch, fritierter 186
Fisch, marinierter, gebratener 174
Fischfilet, süß-saures 172
Fischrouladen, gefüllte 180
Fischwürfel im Gemüsebett 198
Fleischbällchen, gebackene 52
Fritierte, gebratene Hähnchenteile 134
Fritierte Garnelen 210
Fritierte Tauben 168
Fritierter Fisch 186
Fritierter Fisch mit Chinakohl 184
Früchte-Reis-Salat, scharfer 272
Fruchtiger Curryreis 248
Frühlingsrollen 40

G

Gänsemägen, scharfe 166
Garnelen, fritierte 210
Garnelen, marinierte 206
Garnelen, scharfe 208
Garnelen mit gemischtem Gemüse 202
Garnelen mit Hackfleisch 204
Garnelenklößchen auf Salatbett 212
Garnierte Hühnersuppe 14
Gebackene Fleischbällchen 52
Gebackene Zucchinischeiben 52
Gebratene Bambussprossen mit Pilzen 226
Gebratene Bananen 276
Gebratene Brokkoli 234
Gebratene Entenwürfel mit Früchten 152
Gebratene Krabben 208
Gebratene Maiskölbchen 232
Gebratene Sojabohnenkeimlinge 224
Gedämpfte Seelachszöpfe 180
Gedämpfter Aal 192
Gedämpfter Gemüsereis 250
Gedämpfter Reis mit Chinakohl 256
Gedämpftes Schollenfilet 176
Gedünsteter Chinakohl 246
Gefüllte Fischrouladen 180
Gefüllte Languste 220
Gefüllte Melone 270
Gefüllter Hecht 194
Gekochte Ente mit Kohl 60
Gekochte Hochrippe mit Rettich 110
Gekochte und gebratene Ente 154
Gekochter Gemüsereis 252
Gemüse-Ananas-Hähnchen 124
Gemüsebällchen mit Hühnercreme 262
Gemüsemix mit fritierten Reisnudeln 238
Gemüsenudeln mit Ingwer 254
Gemüsepfanne mit Filetstreifen 82
Gemüsepfanne, scharfe 236
Gemüsepotpourri mit Nierchen 92
Gemüsereis, gedämpfter 250
Gemüsereis, gekochter 252
Gemüse-Reis-Suppe 30
Gemüsesalat 266
Gemüsesuppe, milde 32
Gemüsesuppe, scharfe 10
Geräucherte, gebratene Putenbrust 164
Geschmorte Poularde mit Melone 136
Geschmorter Lammnacken 116
Geschmorter Tofu 60
Gewürzte rote Linsen 242

H

Hackfleisch-Wirsing-Suppe 18
Hähnchen, beschwipstes 50
Hähnchenfleisch mit schwarzen Bohnen 140
Hähnchennester mit Mandarinen 132
Hähnchenscheiben mit Ananas 142
Hähnchenstreifen, süß-saure 130
Hähnchenteile, fritierte, gebratene 134
Hähnchenwürfel, nussige 126
Hähnchenwürfel, würzige 130
Hecht, gefüllter 194
Hefebällchen mit kandierten Früchten 286
Hefeklöße mit Fleischfüllung 68

Rezeptverzeichnis

Hochrippe mit Rettich, gekochte 110
Hühnersuppe, garnierte 14
Hühnersuppe, sauer-scharfe 12

K

Kaltes Rindfleisch 38
Kantonesische Mehlklöße 66
Kantonesische Rindfleischpfanne 102
Kantonesischer Fisch mit Morcheln 188
Karpfen, scharfer, fritierter 190
Kastaniensuppe, süß-saure 24
Klebreiskuchen 288
Kleine Überraschungskuchen 292
Krabben, gebratene 208
Krabbenbällchen 54
Krevetten mit Nudeln 206
Kuchen, chinesische 290

L

Lammfleisch mit Zuckerschoten 114
Lammkeule mit gebratenem Wirsing 112
Lammnacken, geschmorter 116
Languste, gefüllte 220
Linsen, gewürzte rote 242

M

Maiskölbchen, gebratene 232
Mangold mit Schinken 244
Marinierte Ente 144
Marinierte Fleischscheiben 80
Marinierte Garnelen 206
Marinierter Fisch mit Früchtesauce 182
Marinierter Tintenfisch 216
Marinierter, gebratener Fisch 174
Marinierter, gegrillter Thunfisch 178
Mariniertes Rinderfilet 108
Mariniertes Schweinegulasch 76
Mariniertes Schweineherz 94
Meeresfrüchte im Würzsud 218
Mehlklöße, kantonesische 66
Melone, gefüllte 270
Milde Gemüsesuppe 32
Mongolischer Feuertopf 120
Muschel-Gemüse-Pfanne 200

N

Nudeln mit Tomaten-Pilz-Ragout 258
Nudelsuppe mit Tofu 28
Nussige Hähnchenwürfel 126
Nußpudding mit Fruchtsauce 284

O

Obstsalat gebraten 274

P

Pekingente mit Fladen 150
Pilz-Gemüse-Pfanne 230
Poularde, in Salz gegart 138
Poularde im Sagotopf 140
Putenbrust, geräucherte, gebratene 164
Putenbrust-Gemüse-Pfanne 162
Rehfilet, süß-saures 118
Reiscreme mit Mandarinen und Litschis 294
Reis mit Chinakohl, gedämpfter 256
Rinderfilet, mariniertes 108
Rinderfilet mit Zwiebeln 106
Rinderschmorbraten, chinesischer 100
Rindfleisch, kaltes 38
Rindfleischpfanne, kantonesische 102
Rindfleischsuppe mit Erbsen 20
Rotgeschmorte Schweinshaxe 90
Rumpsteak mit Zuckerschoten 104

S

Sauer-scharfe Hühnersuppe 12
Scampi mit Chinakohl 204
Scharfe Ente mit Frühlingszwiebeln 156
Scharfe Gänsemägen 166
Scharfe Garnelen 208
Scharfe Gemüsepfanne 236
Scharfe Gemüsesuppe 10
Scharfer, fritierter Karpfen 190
Scharfer Früchte-Reis-Salat 272
Schollenfilet, gedämpftes 176
Schweinebauch mit Austernpilzen 84
Schweinefleisch mit Ananas 74
Schweinefleisch „Shanghai“ 88
Schweinefleisch süß-sauer 86
Schweinegulasch, mariniertes 76
Schweineherz, mariniertes 94
Schweinerippchen, würzige 96
Schweinerippe auf Spinatbett 98
Schweinshaxe, rotgeschmorte 90
Seelachszöpfe, gedämpfte 180
Shanghai-Hähnchen mit Mandeln 128
Sojabohnenkeimlinge, gebratene 224
Suan-La-Tang-Suppe 22
Suppe mit Garnelen, Glasnudeln und Schinken 26
Süß-saure Hähnchenstreifen 130
Süß-saure Kastaniensuppe 24
Süß-saurer Wirsing 244
Süß-saures Fischfilet 172
Süß-saures Gemüseallerlei 228
Süß-saures Rehfilet 118

T

Tauben, fritierte 168
Teigtaschen mit zweierlei Füllungen 46
Tintenfisch, marinierter 216
Thunfisch, marinierter, gegrillter 178
Tintenfisch mit Gemüsesauce 214
Tofu, geschmorter 60
Tofu im „Schlafrock“ 64
Tofu mit Brokkoli 56
Tofu mit Gemüseallerlei 62
Tofu mit Zuckerschoten 56
Tofu nach Sichuanart 58
Tomatensuppe mit Hühnerfleisch 16

U

Überraschungskuchen, kleine 292

W

Wan-Tan-Suppe 34
Wan-Tan-Taschen mit Hähnchenfüllung 48
Wan-Tan-Taschen mit Krevettenfüllung 48
Wirsing, süß-saurer 244
Wirsing-Linsen-Gemüse 240
Würzige Hähnchenwürfel 130
Würzige Schweinerippchen 96

Z

Zucchinischeiben, gebackene 52
Zwiebel-Pilz-Reis mit Eiern 260